Sinn und Unsinn

Verse und Sprüche in klassischer Reimform über allerlei Ungereimtheiten und Merkwürdiges.
Ein Streifzug durch verschiedene Lebensbereiche, von Handwerk, Handel, Kochen über Gesundheit, Musik, Leidenschaft, Enttäuschung bis Zwielicht, Flora und Fauna.

Erfreuen Sie sich an sprachlichen Winkelzügen und Pirouetten, „gewendeten" Redewendungen, Wort- und Gedankenspielen, Merkwürdigkeiten – vom vordergründigen Kalauer bis zum hintergründigen Aphorismus und Aperçu, mit anderen Worten: „Sinn und Unsinn" in einer bunten Mischung aus klassischen Zwei- und Mehrzeilern.

Lassen Sie sich beim Lesen Zeit, manches erschließt sich erst beim zweiten oder dritten Hinschauen.
Und vor allem: Genießen Sie's häppchenweise wie Pralinés, sonst verdirbt's den Magen.

Falls Sie bei manchen Reimen denken, es holpere:
Probieren Sie einfach einen anderen Rhythmus, dann sollte es fast immer klappen (neben Jambus und Trochäus haben uns die antiken Metriker ja auch noch Anapäst und Daktylus geschenkt, mit vielen verschiedenen Versfüßen):

Albrecht Moeller

Sinn und Unsinn

Gereimte Ungereimtheiten

Bibliografische Information der Deutschen Nationalbibliothek:
Die Deutsche Nationalbibliothek verzeichnet diese
Publikation in der Deutschen Nationalbibliografie;
detaillierte bibliografische Daten sind im Internet
über http://dnb.dnb.de abrufbar.

TWENTYSIX – Der Self-Publishing-Verlag
Eine Kooperation zwischen der Verlagsgruppe Ran-
dom House und BoD – Books on Demand

Herstellung und Verlag:
BoD – Books on Demand, Norderstedt

ISBN: 978-3-740-70916-7

Inhalt

Auch Unsinn hat Sinn.

Handwerk

Bruchstücke
Ein Leistenbruch ist ein Fiasko
für einen Schuster ohne Kasko.
Dann fragt entsetzt er sich am meisten:
„Wie bleib´ ich jetzt bei meinem Leisten?"

Nagelprobe
Ein Zimmermann, der oft besoffen,
des Nagels Kopf hat kaum getroffen,
nur einen Nagel noch versenkte,
an den er den Beruf dann hängte.

Selbstversorger
Ein Fleischer wirklich Not erleidet,
wenn er ins eigne Fleisch sich schneidet.

Farbenleere
– Farb- und Stilberatung –
Kann Farbe bis zu Ende reichen,
wenn Bootslackierer Segel streichen?

Blender
Ein Goldschmied pflegte beim Polieren
des Falschgolds grantig zu dozieren:
„Bei mir herrscht Hochglanz, stets und immer.
Ich habe keinen blassen Schimmer."

Glücksfall
Ein Uhrmacher für Glück es hält,
was andern auf den Wecker fällt.

Naive Malerei
Naive Maler leiden schlimme Qualen:
Lässt sich mit Einfaltspinseln Vielfalt malen?

Fassungslos
Wie lebt ein Böttcher Ärger aus?
Er schlägt dem Fass den Boden raus.

Schwarze Schafe – weiße Westen
Dem Schwarzarbeiter ist´s egal,
ob was er tut ist illegal.
Hält das Gesetz ein Fliesenleger,
ist er mit Fug und Recht integer.

Misston
Wie kann ein Kunstwerk daraus reifen,
wenn Töpfer sich im Ton vergreifen?

Scherbenhaufen
Wenn Glaser in die Rente gehen,
des Lebens Scherben sich besehen,
dann tauchen auf auch Schreckgespenster:
„Nun bin ich völlig weg vom Fenster."
So ähnlich geht´s dem Schmied, dem greisen,
wenn er gehört zum alten Eisen.

Hauputz
Wo Maurer auf den Putz nur hauen,
was wird da aus solidem Bauen?

Kommt drauf an
Wenn etwas aus dem Rahmen fällt,
verdient der Maler kaum sein Geld;
wogegen dies ein Glaser liebt,
weil dem es wieder Arbeit gibt.

Schüttelreim
Ein Schneiderlehrling ist verprellt,
dass er sich heut so dumm anstellt:
Er kann den Anzug noch so rütteln,
nichts lässt sich aus dem Ärmel schütteln."

Anhänglich
Vom Schuster wird es gern gesehen,
dass Schuhe nicht von Fersen gehen.

Bekehrungsversuch
Den Schornsteinfeger zu bekehren,
wird der als Schwarzarbeit verwehren.

Stromlinienförmig
Als opportuner Hasardeur
entpuppt sich ein Galvaniseur:
Was mäßig noch begonnen hat,
das kommt zum Ende, einem schlimmen,
als er selbst im Elektrobad
noch wollte mit dem Strome schwimmen.

Kleben und kleben lassen
Ein Fliesenleger nicht drauf steht,
dass man ihm auf den Leim mal geht.
Bei Tapezierern ist das ähnlich,
die finden solches gleichfalls dämlich.
Hingegen ist beim Fliegenfänger
grad eben das der Hauptaufhänger.

Weberaufstand
Aus Standesehre wird sich schämen
ein Weber, der kontaktgestört,
weil es ihm schwerfällt unerhört,
Tuchfühlung mit wem aufzunehmen.

Fehlende Vor-Aussetzungen
Nach der Entlassung denkt beklommen
ein Tischler und ist sehr verletzt:
„Wie soll ich bloß zu Stuhle kommen,
wenn der schon vor die Tür gesetzt?"
Und fängt bald an sich sehr zu fühlen,
als säß´ er zwischen allen Stühlen.

Reizvolle Natur

Wenn Hautausschlag Textilarbeiter kriegen,
kann´s nur in der Natur der Sachen liegen.

Drückeberger

Den Schuster macht´s im Nu verrückt,
wenn er nicht weiß, wo Schuh ihm drückt.

Time to say „Good-bye"

Wenn Sticker keinen Stich mehr sehen
und nichts mehr musterhaft gestalten,
die Fäden in der Hand behalten,
den roten aber kaum erfassen,
die Nadel nur im Stich noch lassen,
dann sollten sie in Rente gehen.

Meisterhaftung

Den Meistern geht es sich´rer als uns allen:
noch niemals sind vom Himmel sie gefallen.

Krachledern

Wenn Schuster nur vom Leder ziehn,
sind sie der Kundschaft bald verschrien.

Kein konstruktiver Beitrag

Nur wenig wird´s die Diskussion erhellen,
wenn Raumausstatter in den Raum was stellen.

Wer oder was ?

Wenn Klempnerin von Dichtung spricht,
so ist sie meistens nicht ganz dicht.

Nicht ganz hoffnungslos

Weil Hopfen er und Malz verloren,
wirkt all sein Tun unausgegoren.
Das Schicksal ihn noch härter träfe,
verlör´ der Brauer auch die Hefe.

Schlimme Zeiten

Nichts als Gewalt in unsern Tagen:
dass Brückenbauer Brücken schlagen!?

Alles ist relativ

Vor zu viel Optimismus mahnt
ein Maler, wenn ihm dieses schwant:
„Schwarzmalerei ist sinnvoll immer
und keinesfalls nur ungesund,
weil jeder kleine Hoffnungsschimmer
nur wirkt vor dunklem Hintergrund."

Altbacken

Fragt sich ein Bäcker bei dem Kneten
des Hefeteigs mit Angst im Nacken:
„Wie krieg ich dieses bloß gebacken?",
dann ist es Zeit wohl abzutreten.

Probleme mit dem Stuhlgang

Man sieht als Paradox beklommen,
wenn Tischler nicht zu Stuhle kommen.
Doch gehn zu Tisch sie obstipiert,
ist auch schon manch Malheur passiert.

Stu(h)ltitia

Als unnütz, renitent wird man sie hassen,
wenn Stühle gar nichts auf sich sitzen lassen.

Strickmuster

Recht bang die Strickerinnen blickten,
als sie sich mehr und mehr verstrickten.

Nackte-Existenzangst-Träume

Des Tischlers schlimmster Traum von allen:
ganz plötzlich untern Tisch zu fallen.
Auch träumt ihm oft von Blutergüssen,
die irgendwie vom Tisch sein müssen.

Gelassenheit der Uhrmacher
– Ha – ha –
Uhrbarmachen muss nicht heißen,
immer Bäume auszureißen.

Schubladendenken – Fachidiot
Bist du ein Meister deines Faches,
lass alles andre sein und mach es!

Pott-Asche
Ein Töpfer kommt nicht mehr zu Potte
und deshalb rasch zu 'nem Bankrotte.
Da hört man laut die Erben schnaufen,
als sie erschaut den Scherbenhaufen.

Berufsgeheimnis
Ein Bühnenbildner dem misstraut,
der hinter die Kulissen schaut.

Schnittwunden
Ein Schneider hat gar sehr gelitten,
nachdem er nicht gut abgeschnitten.

Stuhlprobe
Die Tischler über Stühle wissen,
wie stark sie hin- und hergerissen:
„Stets etwas auf sich sitzen lassen -
wie das die meisten Stühle hassen!
Doch sind sie andrerseits beklommen,
wenn Leute nicht zu Stuhle kommen."

Grundfrage
In Künstlers Portemonnaie herrscht Leere:
„Ja was verschafft mir denn die Ehre?!"

Katerstimmung
Ein Brauer bei Getränkeproben:
„Das Bier nicht vor dem Kater loben!"

U(h)r-Angst
Die Uhrmacher mit Angstgeschrei sehn,
wenn´s plötzlich heißt: „Na jetzt schlägt´s Dreizehn!"

Baghwan
Die Brezeln bäckt in Zackenbahn
ein Bäcker, den sein Backenzahn
vor Schmerz stürzt in gebacknen Wahn.

Gelackmeiert
Ein Lackpolierer schaut beklommen,
hat keinen Kratzer abbekommen.
Wenn Gleiches Boxern widerfährt,
als Meister werden sie geehrt.

Einsparpotential
Die Axt im Haus spart sich der Zimmermann,
weil arbeiten er ja nicht immer kann.

Versponnen
Ein Weber findet´s Leben schlecht,
weil er sich fühlt als Weberknecht.

Finnen-Bandwurm
Ein Finne spricht: „Die Fleischer spinnen!
Da suchen sie im Fleisch nach Finnen!"

Alte Back-Tradition
Zumeist liegt Tradition in Gunst weit vorn,
doch nicht bei Brot „von altem Schrot und Korn".

Verkehrt
Wir sollten bei der Innung uns beschweren,
wenn Schornsteinfeger uns den Rücken kehren.

Gegen falsche Bescheidenheit
Der Bühnenbildner tut den Spielern kund:
„He, tretet ja nicht in den Hintergrund!"

Wem Flügel wachsen
– Wie Söhne unter genialen Vätern leiden –
Als Dädalus sich Flügel schuf
(weil er Erfinder von Beruf)
und Ikarus, den Sohn, beflügelt,
wirkt alles bestens ausgeklügelt.
Doch kurz nur währt der Traum vom Fliegen,
schon sieht den Federflaum man liegen
am Boden, weil die Pracht und Wonne
zerschmolz wie Wachs unter der Sonne.

Grautöne
Die Weise, grau in grau zu sehen,
zumeist die Leute nur verschmähen.
Die Lithographen dies hingegen
ganz dezidiert als Gabe pflegen.

Schräger Vergleich
Ist der „in sich gekehrte" Schornsteinfeger
oder das Dach, auf das er steigt, nun schräger?

Schnellkleber
– Kleben und kleben lassen –
Das Kleben kann zumeist nur glücken,
wenn wir auch auf die Tube drücken.

Vermessenheit
Es sollt´ ein Oberlandvermesser
in Acht sich nehmen doch viel besser,
dass ihm nicht, wenn er Vortrag hält,
ein Messer in den Rücken fällt.

Gewaltverharmlosung
Wenn Schuster ihre Frau´n vermöbeln
und Tischler selbige versohlen,
dann lässt von „paradox" sich pöbeln.
Doch sollt´ sie nicht der Teufel holen?

Gegen Empfängnisverhütung
„Ein Fernsehfilm die Seher quält,
wenn denen die Antenne fehlt."
Mit viel Gespür wirbt so genauer
sensibel der Antennenbauer.

Berufliche Entfremdung
Ein Beispiel für Berufs-Stress pur
und Arbeit wider die Natur:
Die Tiefdrucker in vielen Fällen
ihr Werk mit Hochdruck fertigstellen.

Absatzprobleme
Des Schusters Denken zu kraus irrt,
wenn umgekehrt ein Schuh draus wird.

Spitzfündige Stichelei
Verständlich, dass wir Stickerinnen hassen,
wenn ihre Nadeln sie im Stich gelassen.

Ausgeschlagen
Amboss oder Hammer sein?
Ach, am liebsten Schmied allein.

Zufallsfund
Als er mit seinem Patschehändchen
im Bad drückt auf sein Quietsche-Entchen
und er vor lauter Badeschaum
fühlt beinah seine Wade kaum,
merkt Archimedes als ein Nasser,
wie's Körpern geht im Badewasser.
Hat so, ohn´ dass er sich geschunden,
den Auftrieb als Prinzip erfunden.
Und mit dem lauten Ruf „Heureka!"
taucht stolz er auf als ein Entdecka.

Handel

Verkaufsschädigendes Verhalten
Verkäufer hassen's abzuräumen,
auch wenn sie Umsatz so versäumen:
Weil zuviel auf dem Spiele stand,
wurd's nicht verkauft im „Spielzeugland".

Halbbildung
Welch Drama, wenn bestimmte Wesen
zu viel in Shakespeares Werken lesen:
Ein Pferdehändler sich bedauert,
weil bislang er vergebens lauert,
dass König Richard nach ihm sende
und für ein Pferd sein Reich ihm spende.

Schiebelehre
Als Schuhverkäufer ist beliebt,
wer jemand in die Schuhe schiebt.

Gleichgewichtsproblem
Wenn Händler sich die Waage halten,
die Preise sich zu hoch gestalten.

Mengenlehre
Des Pferdehändlers Wirtschaftswelt
ein Motto fest zusammen hält:
„Es ist, wohl kaum braucht's des Beweises,
nur alles eine Frag' des Preises:
10 Pferde ihn nicht dazu bringen?
Dann wird's mit 11, 12 schon gelingen."

Schicksalsgemeinschaft
„Würd' es nicht schaden letztlich allen,
wenn Maden ganz vom Fleische fallen?"
fragt sich im Laden patriotisch
ein Fleischer, maden-symbiotisch.

Standfest
Dass er hat keinen leichten Stand,
bei Sturm ein Händler nützlich fand.

Wurm-Späti
Damit auch der späte Vogel was fängt,
wird Ware gestaffelt herausgehängt.

Preisbindung
Ein Händler sieht´s mit tiefem Grolle,
wenn etwas koste, was es wolle.

Wagemut
Die Handelsaufsicht sollte man verschärfen,
wenn Händler in die Waagschale was werfen.

Den Hals nicht voll genug kriegen
– Kopflose Verkettung –
„Hals über Kopf" ist die Devise
für Juweliere in der Krise,
auf dass Bilanzen rasch gesunden
beim Kettenkauf durch ihre Kunden.

Pfennigfuchserei
„Der Groschen fällt", freut sich der Pfennig,
worauf die Mark bemerkt: „Det kenn ik."

Gewichtsproblem
Den Wiegemeister plagt die Frage:
"Was sucht das Zünglein an der Waage?"

Schuhplattler
Wenn alle ganz brav neue Schuhe kaufen,
hat Schuhindustrie ihre Talsohl´ durchlaufen.

Konsumverzicht
Dem Kaufrausch einfach mal entsagen
und so den Schnäppchen Schnippchen schlagen!

Dienstleistung

Beschwerdezimmer
Als nur von der Gardinenpredigt
die Arbeit noch nicht schien erledigt,
da setzt sie sich verdattert hin
und schimpft, die Raumausstatterin.

Falsche Maßstäbe
Nun, wo er recht hat, hat er Recht,
doch ist der Ruhm nicht wirklich echt,
wenn sich der Kartograph lobt jetzt:
„Ich habe Maßstäbe gesetzt."

Selbstbedienung
Wenn Postler ihren Dienst versagen,
muss jeder selbst sein Päckchen tragen.

Bankencrash
Ein Banker meint beim Geldanlegen
sich noch im Dispo zu bewegen.
Doch hohe Kante ist zu kurz,
so kommt es dann zum Kassensturz.
Nun liegt am Boden er rigide,
ist überhaupt nicht mehr liquide.

Innen-Außen-Problem
„Wie soll ich weiter schaffen jetzt,
wo man mich vor die Tür gesetzt?"
fühlt, dass darinnen Arges steckt,
verschreckt der Innenarchitekt.

Feuereifer
Beim Tankwart ist erleichtert man,
dass der sich kaum begeistern kann
für seinen Job: Wie man´s verdammte,
wenn er sich hierfür heiß entflammte!

Schneckentempo

Die Schneckenpost gönnt sich ein Päuschen
und ist dabei ganz aus dem Häuschen!

Absturzrisiko !

Es sprach ein Personalberater
zum Hochbaufacharbeiter mal:
„Erkennen Sie Ihr Potential.
Anstatt nur ‚Blick zurück im Zorn'
tun endlich Sie 'nen Schritt nach vorn!" –
Nun hat er das Prozesstheater.

Falsche Vorbilder

Der Karawanenführer säuft
und sich schon bald im Sand verläuft.
Sein Sohn ganz Ähnliches verzapft
und brav in falschen Spuren stapft.
Doch weil der Wind selbst die verweht,
dem Wüstensohn 's noch schlimmer geht:
„Wie könnt' ich denn auch hier im Grellen
mein'n Vater in den Schatten stellen?"

Kehrseiten

Was Straßenfegern Ärger schuf,
ist eine Kehrseit' des Beruf:
Ganz stur sie sich mit Fürwitz wehren,
mal vor der eignen Tür zu kehren.

Eine Frage der Ehre

Die Putzfrau in dem Opernhaus
zieht für Karrier' kaum Nutzen draus,
dass nicht mal selten, nein, gehäuft
sie anderen den Rang abläuft.

Unter aller Stimmungskanone

Am DJ stark man Zweifel hegt,
wenn er zu gar nichts aufgelegt.

Aufs Glatteis geführt
Ob Straßenfeger was verpatzen,
wenn sie bei Eis die Kurve kratzen?

Bankgeheimnis
Die Banker sagen nirgendwann,
dass man sich Sparen sparen kann.

Auf und Ab
Ein Ober fällt beim Staatsbankett
die Treppe runter, wenig nett.
Gleich merkt der Unterkellner auf:
„Vielleicht fall ich die Treppe rauf?"
Auch Politik läuft so ganz schlichte,
als „Treppenwitz der Weltgeschichte".

Maulhelden
Laut schreien es die Werbe-Luden:
„Den Service schreibt man bei uns groß."
Wo nicht, fragt man sich da doch bloß
und wünscht den Luden einen Duden.

Verpeilt
Vermessen ist´s und Boden kaum zu teilen,
wenn Landvermesser über´n Daumen peilen.

Hochgeschätzt
Ein Auktionator es zu schätzen weiß,
wenn jemand bietet viel zu hohen Preis.

Flurschaden
Die Putzfrau stört an Arbeit nur:
Sie ist allein auf weitem Flur.

Eile mit Feile
Wenn etwas auf den Nägeln brennt,
hat Maniküre wohl gepennt.

Urlaubsvertretung

Eine Reisekaufmann hasst das Reisen,
wird depressiv bei diesen Preisen.
Im Urlaub sitzt der Mann seit Jahren
zu Haus und lässt die Hoffnung fahren.

Makabre Immobilienpleite

Gewaltig hat verspekuliert
ein Makler sich, eh er kapiert:
Nicht jeder, der sein Haus bestellt,
bringt ihm, dem Makler, auch sein Geld.
Viel öfter wartet ein Gevatter
in diesem Fall, samt dem Bestatter.

Last mal gut sein

Ein Lastenträger arg sich quält:
„Das hat mir grade noch gefehlt,
mir auch noch dies zur Last zu legen.
Ich kann´s ja so schon kaum bewegen!"
und hadert mit viel Ungeduld,
womit verdient er diese Schuld.
Als er dann auch zur Last noch fällt,
da ist der Tag mit Hast vergällt.

Sitzplan im Seerestaurant

Die Tischmanieren hat verletzt,
wer Gäste unter Wasser setzt.

Lasten schief = Stimmungstief

Nicht gut drauf war die Last mal wo,
drum ging´s dem Träger ebenso.

Absurdes Theater

Den Platzanweiser irritiert,
was bei Premieren meist passiert:
bei solchem Anlass sitzt komplett
alles, was Rang hat, im Parkett.

Scheintot
Man muss nicht gleich entsetzt die Panik kriegen,
wenn Schaffner in den letzten Zügen liegen.

Ungewissheit
Ein Auktionator Blut und Wasser schwitzt,
wenn etwas unschätzbaren Wert besitzt.

Nah- und Fernweh im Reisebüro
Ist ihm zu trauen, wenn er bucht,
dem Kunden, der das Weite sucht?

Charakterzug
„Ich bin noch stets zum Zug gekommen",
hat man vom Schaffner stolz vernommen.

Betriebsblind
Es zeugt von wenig Sachverstand,
wenn Geographen sehn kein Land.

Überschätzt
Wenn Schätzer bei ´nem Haus den Preis festsetzen,
zu ihren Gunsten sie sich glücklich schätzen.

Schaffnerphilosophie
„Im Zug ist es fast wie im Leben", so fand er´s,
„Endstation ist für jeden woanders."

Ohne Gesichtsverlust?
Bedeutet das Gesicht zu wahren,
sein wahres auch zu offenbaren?
Nun freilich dürften solche Fragen
die Visagisten schwerlich plagen.

Land und Forst

Hirtenidyll
Wenn munter schon die Sense schwirrt,
wird´s hohe Zeit für´n Gänsehirt.
Beim scharfen Mähmaschinenmesser
geht es dem Schweinehirt nicht besser.

Der Rest ist Schweigen
Beklagt sich, wer Geflügel schlachtet,
dass niemand seine Arbeit achtet -
er ist selbst schuld, dass es so geht
und danach dann kein Hahn mehr kräht!

Nackte Existenzangst
Ganz abgebrüht es Hühner hassen,
wenn sie beim Bauern Federn lassen.

Schmerzhafte Einsicht
Ein Garten-Landschafts-Bauer hinkt,
weil mit dem Zaunpfahl er gewinkt.
Nun hält er besser sich zurück
und schweigt diskret, zu seinem Glück.

Grashopper
Er lobt sich über´n grünen Klee,
wie musterhaft sein Gras ausseh´.
Doch wirkt das, was und wie er schafft,
pedantisch schottenmusterhaft,
kennt man ihn erst mal näher,
den Englisch-Rasenmäher.

Das tapfere Gärtnerlein
Wir fanden reichlich es absurd,
als wir den Gärtner namens Kurt
zum Helden sich erheben sahn,
weil rauszieht er den Löwenzahn.

Hofnarr
Ja ist der Knecht denn nicht strohdoof:
macht er der Bäuerin den Hof!

Kosten-Nutzen-Rechnung
Lang hat der Bauer nachgedacht,
was er sich so vom Acker macht.

Erst beschaffen,
dann Annahme verweigern ?
Gewinne aus dem Feld zu schlagen –
für Bauern ziemlich heikle Fragen!

Bio, mein Bio
Beim Bio-Landbau ist man skeptisch,
zumal er nicht ganz antiseptisch:
Grad wenn der Hahn kräht auf dem Mist,
ob das denn so hygienisch ist?

Nachlese
Nach Ernten immer heftig zwickt
den Bauer dieser Zielkonflikt:
Er muss das Feld zwar endlich räumen,
doch zu behaupten es nicht säumen!?
Drum ist er innerlich zerrissen
und fühlt im Winter sich beschissen.

Mogelpack
Bei Eseltreibern gibt es Pack,
das schlägt den Esel, meint den Sack.

Anaphylaktischer Schock
– To bee or not to bee –
Von einer flotten Biene Schein
geblendet, brach das Schienebein
ein Imker sich mit Riesenschock.
Drum läuft er jetzt am Bienenstock.

Bauernregel

Was seine Welt zusammenhält,
ein Bauer so dem Sohn vorstellt:
„Geschäftssinn zeige auch im Zorn:
wirf erst die Flinte in das Korn,
wenn abgeerntet ist das Feld.
So sparst du eine Menge Geld."

Von Groß- und Kleinbauern

– Ein Sittengemälde der Agrikultur –.
Ein Bauer schaut ins Scheuerlein
und macht ganz laut ein Bäuerlein.

Courage

– Nicht stubenrein –
Vor Zorn hat in der „kalten Pracht" [1]
die Kuh sich gründlich Luft gemacht:
„Dem Bauern will ich fleißig schaden –
auf seinen Teppich scheiß ich Fladen!"

Sauerei

„Ich bin zwar Sau, jetzt aber sauer",
beklagt das Schwein sich bei dem Bauer,
als der's zum Schlachten führen will.
„Kein Schwein gehabt!" lacht der ganz schrill.

Frühlingserwachen

Vorfreude hält ein Gärtner für verfrüht
und mahnt: „Wer kann schon wissen, was uns blüht?"

Gängeleien

Nachdem die Falle er in Gang gesetzt,
fragt sich der Gärtner lang und bange jetzt,
wann denn die Wühler in die Gänge kommen,
es seinen Gang geht und sie festgenommen.

---

[1] Die „gute Stube" des Bauern, die selten genutzt und deshalb meist kalt ist.

Feuersbrunst
Der Bauer Angst um seine Scheuer fühlt,
wenn seine Magd dort mit dem Feuer spielt.

Astrein
Der Holzhacker ist auf sich stolz,
weil er geschnitzt aus hartem Holz.
Und weil er immer klotzt, nie kleckert,
nicht mal die Hausfrau mit ihm meckert.

Bullshit
Wenn Kühe nur mit Mühsal grasen,
vor Mühe Bauern Trübsal blasen.

Vom Jagdglück verlassen
An richtig miesen, schlimmen Tagen
kann auch ein Jäger mal verzagen:
Nachdem die Kimme er verlorn,
warf er die Flinte in das Korn.

Falscher Hase
Ein alter Jäger ist beleidigt,
als man ihm hilft, sich harsch verteidigt:
„An Treibjagd nahm ich teil gehäuft
und weiß schon, wie der Hase läuft!"
Doch als der einen Haken schlug,
ruft er erzürnt: „Betrug! Betrug!"
Ein Wand´rer kam des Wegs und spricht:
„Er weiß es offensichtlich nicht!"

Altersschwäche
Der Jägermeister kann es gut verstehn,
wie es in praxi alten Hirschen mag´s ergehn:
„Ein Platzhirsch hat schon manchmal satt die Faxen:
zu vieles ist ihm übern Kopf gewachsen.
Drum muss er auf Geweih und auf Verderben
zu kopfeslastig irgendwann mal sterben."

Bärendienst

„Umsonst war alles schwere Schinden,
wenn andre dir den Bär aufbinden!"
entfährt´s (und sein Gesicht wird länger)
dem tief enttäuschten Bärenfänger.

Der 7. Sinn

Sieh da, er war bei allem schneller,
der schlaue Vogelfallensteller,
weil er vor andern ungestört
die Nachtigall schon trapsen hört.

Überschüsse

Wenn Hasen ihren Kohl genießen,
die Jäger wild ins Kraut wohl schießen.

Elchtest

Ein Jäger denkt mit Trauersinn:
„Die Treibjagd ist auf Dauer hin,
wenn Elche durch die Lappen gehen." -
In Lappland wird das gern gesehen.

Aus anderer Sicht

Zum Bildwechsel ein Jäger rät,
wenn es um böse Wölfe geht:
„Hat jemals wer den Wolf bedauert,
wenn lammfromm er im Schafspelz lauert?
Muss sich im Wesen ganz verbiegen,
im Doppelpack ganz furchtbar schwitzen,
statt frank und frei zur Jagd zu flitzen.
Kann man da nicht ´ne Krise kriegen?"

Finaler Rettungsschuss

Die Hasen über´n Jäger klagen:
„Hätte er Stil, begriff´ das Leben,
so würde er sich selber sagen:
Rette das Ziel und triff daneben!"

Kochen

Rotzlöffel
Manch Küchenjunge ist verschnupft,
wenn man mit ihm ein Hühnchen rupft.
Doch tät´ es der Hygiene gut,
trüg´ er Kritik ganz wohlgemut.

Affektlabile Angeber
Wenn Köche auf den Pudding hauen,
sie wortreich das Dessert versauen.

Reine Formsache
Lassagneköche kurz verschnaufen
und dann zu großer Form auflaufen.
Nur mit geringrer Leistung schaffen´s
die Bäcker von den kleinen Muffins.

Gut abgehangen
Was ihm den Appetit vertreibt,
der Sterne-Tester so umschreibt:
„Wie oft begegnet man bei Tische
Salat und Fleisch in alter Frische.“

Beschwerde
Mit dem Diätkoch stimmt was nicht:
auf leichte Kost legt er Gewicht!

Zornesgericht
Ein Koch, der kocht vor Wut –
tut das dem Essen gut?

Brandrede
Den Koch stört hemmungsloses Reden,
weil es nur führt zu Küchenfehden:
„Frisch, von der Leber weg, zu sprechen,
kann sich beim Leberbraten rächen.“

Ganz ungeschürzt
Der Köchin Kleidung fehlt´s an Kürze,
drum in der Würze liegt die Schürze.

Fettgeflüster
Wer abnehmen will, der sollte den Mund
nicht zu voll nehmen, sonst bleibt er kugelrund.

JoJo-Effekt
Man nimmt ab und zu ab,
doch dann macht man schlapp.
Man find´t keine Ruh
und nimmt ab und zu zu.

Von der Schwere des Abnehmens
– Schwerer Irrtum –
Beim Abnehmen hat sich schon mancher geirrt,
dass dadurch das Leben auch leichter wird.

Diätenfrage
„Diät = Abnehmen" heißt´s nur beim Kochen.
Im Parlament wird anderes besprochen.

Zweifelhafter Erfolg
Hat die Diät denn was gebracht,
wenn sich ein Dicker dünne macht?

Falsches Spiel
Der Chefkoch fordert Lehrling auf:
„Lass deinem Spültrieb freien Lauf!"

Kurioses aus der Küchenwelt
Der Hausfrau es sehr gut gefällt,
wenn einen Dämpfer sie erhält.

Lean cuisine
Zur Sparsamkeit mahnt Hotelier seine Erben:
„Meist reicht schon ein Koch, um den Brei zu verderben."

Schildkrötenstreiche
– Innere und äußere Werte –
Ein Jäger ist sogleich im Bilde,
was diese Kröte führt im Schilde.
Und wenn gemacht er sich ein Bild hat,
fängt er sie sacht ob ihres Schildpatt.
Dann ist, was sie im Schild führt, schnuppe.
Ein Koch jedoch liebt dies für Suppe.

Daher der Name Pellkartoffel
Kartoffelschäler, das ist neu,
sind oftmals etwas frauenscheu:
So ganz und gar nicht ihn entzückt,
wenn sie nicht von der Pelle rückt.

Frostige Stimmung
Die Kaltmamsell hat vom Berufe Gicht
und liebt auch sonst grad ihre Arbeit nicht:
„Die übelsten Gerüchte und Gerüche
gelang´n von hinten durch die kalte Küche.“

Gerüchteküche
Sensationsreporter vermelden Beschwerden:
„Immer mehr werden Küchen zu Krisen-Herden!“

Nicht ruchlos genug
Dem Küchendieb ist es missraten:
Gerochen hat der Koch den Braten.

Verkehr

Spitzenlast
In einem LKW-Konvoi
macht sich der Spitzenmann kopfscheu:
„Was ist das heute für ein Andrang,
und ich bin aller Laster Anfang!"

Vage Aussichten
Wenn Kälte herrscht zum Überdruss
und fraglich ist, ob kommt der Bus,
wie wir die Busfahrer dann hassen,
die uns dahin gestellt sein lassen.

Unkonventioneller Führungsstil
Wie wohl ein Autofahrer lenkt,
der nur noch um die Ecke denkt?

Kurz nach Toresschluss
Ein Autofahrer fuhr sehr tranig,
drum fällt er nun in Torschlusspanik:
„Ich hab das nicht so eng gesehen". –
Schon war es um das Tor geschehen.

Achslast
Ein Fahrer klagt ganz ungeheuer,
dass er von früh bis spät am Steuer.
Worauf dem Rad der Ärger wachse:
„Ich bin bei Tag und Nacht auf Achse!"

Gefährliches Schweigen
Sehr weise spricht der Stauberater:
„An Wintertagen, eisig-kalten,
soll man nicht hinterm Berge halten,
sonst fahren einem auf geschwind
all´ die, die über´n Berg grad sind.
Und dann gibt´s mit der Frau Theater."

Der Bayernkurier

Fährt dir nicht nur ein heilger Schrecken,
nein, auch ein Auto in die Glieder,
dann wirst ganz plötzlich du entdecken:
Jo, kruzi mei, do legst di nieder!

Autokratie

– Überführungskosten –
– Hubraumvergrößerung –
– Raumgreifender Prozess – [2]
Wenn alles sich nur noch ums Auto dreht,
dann wird es zum Laster. Kein Wunder. Das geht!

Automatikgetriebe

Vom Stress getrieben klagt ein Fahrer bang:
„Kein Laster hat mehr einen Müßiggang."

Autoimmunschwäche

Wir lassen uns so geh'n seit Jahren,
dass wir nur noch mit Auto fahren.

Auto als Statussymbol

Die Autosuggestion geht weit:
„Ich lenke, also bin ich"-Zeit. [3]

---

[2] Vorsicht, hier werden falsche Maßstäbe gesetzt: mehr Überschrift- als Verszeilen! Keine so gute Idee? Aber seien Sie ehrlich: bei Robert Gernhardt oder Wiglaf Droste hätten Sie das für einen brillanten Einfall gehalten, oder?

[3] In Anlehnung an den berühmten Ausspruch „Ich denke, also bin ich" (lat.: Cogito ergo sum), von René Descartes (Cartesius) handelt es sich hier sozusagen um eine Cartesianische Wende (Achtung: neue Anspielung, nämlich auf Kopernikanische Wende).
Weitere Beispiele für Cartesianische Wenden wären:

„Ich denke, also spinn ich"
„Ich stinke, also bin ich" oder
„Ich summe, also bien ich"

Erziehung

Einheitsschule
Was er von andern Schulen hört,
den Waldorf-Pädagogen stört:
„Wenn Lausebengel allesamt
werd'n über einen Kamm geschoren,
dann sind sie wohl in 'ne verdammt
lausige Zeit hineingeboren."

Heftig
Ein Lehrer führt mit viel Verstand
sein Heft. Doch hat er 's in der Hand?

Einspareffekt
Wie praktisch, wenn Erzieherinnen
auf's Bauklotz-Staunen sich besinnen.

Benigne und maligne Knoten
Bei Schülern freut's, wenn Knoten reißt.
Für den Matrosen Straf' es heißt.

Pflichtlektüre
Wenn Schüler 's Lesen uns versagen,
dann muss man sie zu Buche schlagen.

Niveauverlust
Manch Lehrer ist ein Pessimist,
obwohl das gegen Regeln ist:
„Der Einäugige unter Blinden
wird sich sehr bald als Blinder finden."

Burn-Out-Prophylaxe
Ein Lehrer will in seinen Klassen
die Doofen ganz in Ruhe lassen:
„Ein Geistesblitz, sind wir mal ehrlich,
wär' bei 'nem Strohkopf brandgefährlich."

Autoimmunreaktion
Autodidakten sollte man´s verwehren,
dass außer sich sie andre noch belehren.

Alphabetisierungskurs
„Wer A sagt, muss auch sagen B."
„Und dann?" beschwert sich laut das C.
„Nur wir sind wichtig sowieso",
ertönt es gleich vom A und O.
„Welch Eitelkeit von A bis Z!"
befinden Ä, Ö, Ü kokett.
„Ohn´ Punkt und Komma redet ihr.
Durch uns herrscht Ordnung im Revier",
betonen stolz und unverhohlen
Punkt, Komma, Strich und Semikolen.
Da kommt ein Grieche: „Glaubt es mir –
nur ich bin hier das Alpha-Tier."

Bildungsauftrag
Statt künstliche Intelligenz zu ersinnen,
natürliche Dummheit bekämpfen beginnen.

Mengenlehre
„Hast keine Ahnung", sagt der Lehrer strenge,
„doch davon freilich eine ganze Menge."

Ein Schüler vor der Reifeprüfung
Wann nur werden die Lehrer es endlich begreifen:
Wer sich hängen lässt, der kann in Ruhe reifen.

Chancengleichheit
Immer schon Streber sich daran labten:
Fleiß ist die Chance für die Unbegabten.

Lebenslange Haftung
Keine Erziehung kann es verhindern:
Eltern haften an ihren Kindern.

Aufgeweckte Kerlchen – unausgeschlafene Männer

Welch Irrtum, wenn der Prinz ruft munter:
„Dornröschen, lass dein Haar herunter!"

Ohr-Clip

Ob Lehrer es nicht übertreiben,
von ihren Schülern zu verlangen,
sich´s hinter ihre Ohr´n zu schreiben? –
Weil niemals klappt dies Unterfangen,
fühl´n die sich übers Ohr gehauen
von Lehrern, ihren ach so schlauen.

Interna aus dem Nähkästchen

Die Lehrer hören es mit Schaudern,
wenn Schüler aus der Schule plaudern.

Erziehungsproblem

Ein Lehrer mach sich sehr Gedanken,
die zwischen Freud und Leid her schwanken:
„Wenn alle Bösen Schule machen,
soll man da weinen oder lachen?"

Rechnen ist nicht nur Glückssache

Der Rechenschwache müde lächelt:
„Zum Glück zählt nicht nur, was sich rechnet." [4]

Auf den Punkt gebracht

Wenn es beim Schreiben nicht gleich funkt,
dann mach doch erst mal einen Punkt.

---

[4] Ich gebe Ihnen mein Ehrenwort (oh nein, lieber nicht!), verspro-
chen: das ist und bleibt der einzige „unreine" Reim im ganzen
Opus!

Gesundheit

Hautprobleme

Nicht nur in heißer Sommerzeit
rät Hautarzt zur Besonnenheit:
„Bevor du aus der Haut mal fährst,
prüf erst, wie du zurücke kehrst.
Und denke dran in diesen Lagen:
dein´ Haut könnt´ wer zum Markte tragen.
Dann musst du offne Wunden lecken:
'In meiner Haut möcht´ ich jetzt stecken!' "

Blutsbruderschaft

Hämatologen an manch´ Tagen
hämatokritisch oft sich fragen:
„Bedeutet es das Blut zu kränken,
wenn wir es frohen Mutes senken?
Was macht dann richtig böses Blut?
Und wann ist Blut ganz herzensgut?"
Noch niemals haben sie´s entdeckt,
zumindest aber Blut geleckt.

Das geht zu Herzen

Als herzensguter Regulator
erweist sich ein Defibrillator:
Hat seinem Herz ´nen Stoß gegeben
und rettet so Patient das Leben,
den man grad noch vor Jammer wimmern
gehört hat bei dem Kammerflimmern.

Freud und Leid einer bipolaren Störung

Was nützt die schönste Depression,
wenn die Manie fies lächelt schon?!
oder:
Die schönste Depression nicht ewig dauert,
wenn um die Ecke die Manie schon lauert.

Reine Nervensache

Den Nervenarzt bedrückt sein Sinn:
„Wo sollen die Verrückten hin,
wenn Städte keine Anstalt machen,
zu lösen ihre Nervensachen?"

Gefühl-Los

Lieber ein Borderliner
als überhaupt gar keiner.

Lippenbekenntnisse

So manche Lippe hat riskiert
Gesichts-Chirurg, der operiert.
Ansonsten gibt´s kein Risiko,
´nen guten Schnitt macht er auch so.

Kein Vollbad

Wer schickt die Hebamme nach Haus,
der schüttet´s Kind mit Bade aus.

Tadellos

Wohl nur Diäter finden´s nett,
wenn abbekommen sie ihr Fett.

Ungünstige Wechselkurse

Den Schönheitswahnern kam abhand´
der wirtschaftliche Sachverstand:
Mit fetten Honorarpauschalen
ein mag´res Resultat bezahlen?
Viel tausend Euro für´n paar Pfund –
was, bitte, ist daran gesund?

Zuviel Leid

„Ist es nicht Leiden schon genug,
was der Erkrankte so ertrug?
Da ist er noch ans Bett gefesselt?!"
ein Anwalt es komplett für kess hält.

S(k)epsis
„Wer Finger auf die Wunde legt
und andre damit maßlos peinigt,
hat der sie vorher auch gereinigt?"
ein Wundarzt böse Ahnung hegt.

Mundpropaganda
Ein Zahnarzt ist in aller Munde,
auch wenn das nicht so sehr gesunde.

Mit Blut besiegelt
Der Blutabnehmer sagt gewitzt:
„Okay, die Sache ist geritzt."

Ein Stück weit spannend
Sozialarbeiter, Therapeuten
sich wohl vor „ganz nah" etwas scheuten,
wenn sie sehr häufig, welch Verrücktheit,
die Welt betrachten nur „ein Stück weit".
Auch zeigt sich ihre Ängstlichkeit,
wenn alles sie zu jeder Zeit,
die Langeweile strikt verbannend,
empfinden als „unheimlich spannend".

Schaffe, schaffe ...
Beim HNO-Arzt (schau sein Haus!)
sieht manches völlig anders aus:
Wenn er sich was vom Halse schafft,
wird's immer mehr, ganz fabelhaft!

Naseweis
Den Sieger freut's: „Hurra, ich hab die Nase vorn!"
„Wer nicht?" spricht da der Anatom im Zorn.

Wundstarrkrampf
Manch wunder Punkt lässt sich bisweilen
nicht mal mit Wundersalbe heilen.

Sitz- und Stehplätze

Ein Fußkranker hält´s für Versehen,
beim Job zur Diskussion zu stehen.
Doch schließlich stellt er fest verletzt:
man hat ihn vor die Tür gesetzt!

Auf den Zahn gefühlt

Des Zahnarzt Konto ist gesund,
obwohl er lebt von Hand in Mund?!

Ungesund

„Alles in Butter!" ruft der Koch.
Der Arzt: „Wer weiß, wie lange noch?!"

Frisches Blut !

Blutspendendienstler zwischen Venen
sich auch nach Abwechslung mal sehnen:
Nur immer ruhig Blut bewahren
kann kräftig nerven mit den Jahren.

Störungsgrade

Ein Therapeut relativiert
´ne Störung so und therapiert:
„Besser die Fliege an der Wand,
als eine Mücke in der Hand."

Bagatellschaden

Ein Notarzt eilt, als wer vergiftet,
herbei und hebt sanft an zu sprechen,
als sehr sensibel Trost er stiftet:
„Wenn´s hoch kommt, muss er doch nur brechen."

Umkehrschluss

Als sein Patient den Tod erlitt
und Arzt hinter dem Sarge schritt,
ein Spötter in der Wunde polkt:
„Die Ursache der Wirkung folgt!"

Virtuelle Realität
Ein Nervenarzt warnt bei Gerichte,
wie leicht man irren kann sich schlichte
mit Schlüssen, die zu schnell man zieht:
„Ist jemand schwer paranoid,
so heißt das nicht um jede Wette,
dass er keine Verfolger hätte."

Meniskusschaden
Ein Arzt, der übers Knie was bricht,
versteht sein Handwerk niemals nicht.

Verkeimt
Für den Beruf erscheint zu ungeschickt
ein Virologe, der im Keim erstickt.

Paradoxes Denken
Ein Nervenarzt hält allgemein
für´s Denken gut und wichtig,
mal öfter völlig falsch zu sein,
als manchmal nicht ganz richtig.

Zwangsweise
Nur ungern lässt aus seinen Zwängen
ein Mensch vom Therapeut sich drängen.

Gesundheitsreform
War es statt Gold nicht Amalgam?
Und ob´s Gebiss aus China kam? –
Beim Zahnarzt oft man Zweifel hegt,
was er uns in den Mund gelegt.

Eine geschätzte Therapie
Ein Kinderarzt wird hoch geschätzt,
weil er als Motto sich gesetzt:
„Vom Daumenlutschen ist geheilt,
wer nur noch übern Daumen peilt."

Schadensbilanz

Ein Fußchirurg gerät ins Grübeln
bei dem Gebrochne-Füße-Dübeln:
„Ob der sein Leben wohl für glücklich hält,
der immer wieder auf die Füße fällt?"

Diebes-Dentalität

Dem Zahnarzt wollte niemand vertrauen –
er schlug sich durch mit Zähnen und Klauen.

Ein Trauerspiel

Der Nervenarzt, schaurig-gemein,
nennt dem Patienten den Befund:
„Wer traurig ist ganz ohne Grund,
hat Grund genug, traurig zu sein."

Illegaler Organhandel

Der Herzchirurg soll sich was schämen:
sich einfach so ein Herz zu nehmen?!

Nur Mut !

Arzt Patient am Ärmel streifelt:
„Frisch verzagt ist halb verzweifelt."

Nikotinsucht

– Ein tiefer Lungenzug –
Ist Kettenrauchers Brust dahin,
er zieht selbst daraus Lustgewinn!

Mensch ärgere dich nicht!

„Ärger über Ärger macht´s noch ärger",
suggeriert sich selbst der Wutverberger.

Sticheleien

– Keinen Stich bekommen –
Worüber Kartenspieler hadern,
tut Imkern gut und Sonnenbadern,
auch Säbelfechtern und Psychadern.

Placebo
Hypochondern Beachtung schenken!
Sie sind kranker als sie denken!

Nach(t)forschung
Die Nacht, fand man heraus blitzgescheit,
sei Hauptursache für Schlaflosigkeit.

Paradoxe Intention [5]
Ein Rat beim nächtlichen Zählen von Schafen:
Schlaflose Nächte niemals verschlafen!

Entwöhnungskur
– Ende einer Schnapsidee –
Probleme mit Alkohol einzugestehen –
das sollten Betroff'ne ganz nüchtern sehen.

Leber und Leber lassen
Dem Trinker mit seinem großen Durst
ist seine beleidigte Leber wurst.

Liegen schafft
Die Abstinenz über's Trinken siegt,
wenn dir die Leber am Herzen liegt.

Hund und Katze
Wer zu oft einen Kater hat,
kommt auf den Hund, wird schwach und matt.

Überraschendes Einfallstor
Teuflisches Flüstern in Pflegers Ohr:
Alter schützt die Torheit vor!

Alterstrost
Die wachsende Vergesslichkeit
verdrängt die Reue mit der Zeit.

---

[5] Eine auf Viktor Frankl zurückgehende Methode in der Psycho-
therapie

Desillusionierung
Altern heißt: Illusionen zerfetzen
und sie durch Vorurteile ersetzen.

Dämmerattacke
Nur denen, die wach sind, dämmert´s.
Ist das nicht reichlich belämmert´s?

Frühkindliche Prägung
– Kindchenschema –
Noch selten hat sich Kinderarzt geirrt:
„Früh krümmt sich, was ein Angepasster wird."

Gefühls(ver)stau
„Gefühle wegstecken" – leicht gesagt.
„Wohin denn?!" hat sich der Patient gefragt.

Halbwertszeit
– Halbierung durch Internet –
Ein Arzt: „Worauf ich am meisten zanke:
nicht ein-, sondern halbgebildete Kranke!"

Gesundheitskosten
Der Arztbesuch, zu dem du kommst:
zwar oft vergebens, nie umsonst!

Bausteine des Lebens
Eiweiß und Fette den Hunger stillen,
Zucker – der Baustein für Zahnartzvillen.

Ver-Lust
„Das Einzige, was bei Diät man verliert,
ist die Lust", sagt Diäter und kapituliert.

Endlich!
Was wird Hypochondern auf Grabstein gesetzt?
„Hier ruht zufrieden… † Glaubt ihr mir jetzt?"

Hier und Jetzt
Warum erst morgen an gestern denken?
Lieber dem Heute die Zuwendung schenken.

Urschrei-Therapie [6]
So geh doch nur,
du blöde Uhr!

Zyklothymia
Den Rastlosen hat Therapeut eingelullt:
„Im Teufelskreis braucht man viel Engelsgeduld."

Vertrauensgegenbeweis
Nicht immer ist ein Arzt der Allerbeste,
denn weißer Kittel heißt nicht weiße Weste.

Wie soll ich dich umfangen?
„Aller Umfang ist schwer",
klagt der Dicke gar sehr.

Triebabfuhr
– Schubumkehr –
Was Therapeuten sich so denken:
'nem Kleptomanen was zu schenken?!

Amtsneid
Was andre Berufe den Ärzten sehr missgönnen:
die einz'gen, die ihre Fehler begraben können.

Der Melancholiker
Der äußre Schein mag oftmals trügen,
das Traurigsein macht ihm Vergnügen!

---

[6] Eine Therapiemethode des amerikanischen Psychologen Arthur
Janov

Sport

Jokebox
Gehört es zu den lust´gen Sachen,
wenn Boxer sich ins Fäustchen lachen?

Winddieb
Ein Segler, der zu eloquent,
wird bald gemieden vehement:
Wer andern Wind nimmt aus den Segeln,
missachtet die Regattaregeln.

Lokales
Den Fehlschuss recht subtil verhehlt
ein Bogenschütze so zum Schluss:
„Mein Pfeil hat nicht das Ziel verfehlt,
das Ziel stand bloß zu weit vom Schuss."

Daumenschraube
Wohl selten wird es wen entzücken,
wenn Catcher ihm die Daumen drücken.

Verspielt !
Ein Spieler ist oft unbedacht,
wenn er sich so Gedanken macht:
„Lass mich gefälligst aus dem Spiel!" –
Nun ist er raus und grämt sich viel.

Händeringend
Mit Neid muss man es leider sehen:
Der Ringer schafft´s im Handumdrehen.

Bleifuß
Die gute Absicht läuft oft ganz verkehrt:
Wenn jemand etwas auf die Beine stellt,
ob das dem Läufer letztlich auch gefällt?
Wohl näher liegt es, dass er sich beschwert.

Im Wolkenkuckucksheim
Manch Fallschirmspringer nie es schnallen,
dass sie aus allen Wolken fallen.

Abräumer
Der Schachspieler aufs Ziel losgeht
bis nichts mehr auf dem Spiele steht.

Tiefenkoller
„Zu tief´ner Sache auf den Grund
zu gehen, ist meist ungesund",
so äußert sich ganz wutgeladen
der Taucher nach dem Lungenschaden.

Sinnentleert
Bei Hürdenläufern scheint es fast,
als sägten sie am eignen Ast:
Wie sie wohl weiter laufen würden,
nachdem genommen alle Hürden?

Über „sich"
„Viel hat es für sich, hinter sich zu haben,
was in sich hat es", sprach am Wassergraben
der Jockey zu dem Pferd beim Weitertraben,
als beide, außer sich, sich übergaben
und an und für sich nichts mehr in sich haben.

Sitzenbleiber
In Startlöchern die Läufer sitzen
und deshalb meist den Start verschwitzen.

Gefallsucht
Die Ski-Elevin hat es schwer,
fährt sie den Könnern hinterher.
„Macht´s Spaß?" fragt man sie überall.
Sie lächelt müd: „Von Fall zu Fall."

Zu verspielt
Wenn Boxer Muskeln spielen lassen,
ob sie dann nicht den Kampf verpassen?

Sitzstreik
Marschierer wird es arg verletzen,
sich einfach so in Marsch zu setzen.

Daneben liegen
Wenn Läufer gut im Rennen liegen,
ob die am End den Sieg dann kriegen?

Sensibilität
Auch wenn´s ein Schlag ihm ins Gesicht,
gekränkt sein darf ein Boxer nicht.

Hindernislauf
Hält man mal einen Läufer auf,
nimmt rasch das Unglück seinen Lauf:
Er wird uns alle kräftig hassen,
weil wir nicht freien Lauf ihm lassen,
und spielt den zornig Schnaufenden,
weil er nicht auf dem Laufenden.

Gesunder Geist im gesunden Körper ???
Ohne die Bodybuilder zu verletzen:
Haben sie etwas, außer Kraft, zu setzen?

Tote Hose
Ein Segler hat es wirklich schwer,
wenn richtungslos er treibt im Meer
und sprachlos ist, weil Flaute kam,
die Wind ihm aus den Segeln nahm.
Auch wenn die Lage ganz verschwommen,
er muss von etwas Wind bekommen
und darf niemals die Segel streichen,
sonst wird er kaum sein Ziel erreichen.

Zeitgefühl
Ein Fallschirmspringer ist schnell breit,
wenn er nicht Leine zieht zur Zeit.
Grad eben dieses nach sich zieht
solch Fehler auch beim Störenfried.

Richtungsloses Treiben
Was wohl ein Rud´rer tut gehäuft,
wenn alles aus dem Ruder läuft?

Zielkonflikt
„Was soll es nutzen, bitteschön,
das Tempo noch zu steigern,
wenn wir in falsche Richtung gehn",
die Läufer sich verweigern.

Stielecht
Dem Stabhochspringer bei dem Sprung gefiel:
„Der Stab war, Gott sei Dank, kein Pappenstiel."

Erholungs-Stress
Ein Freizeitkünstler spricht erstaunt
von Joggern, die oft missgelaunt:
„Wie mancher sich ohn´ Schonung plagt,
wenn wild er nach Erholung jagt!"

Endlos
Wenn Tauzieher kein Ende nehmen,
dann sollten sie sich wirklich schämen.

Albtraumstart
Ein Traumstart schnell zum Trauma wird,
wenn man sich in der Richtung irrt.

Verschwommen
Ein Schwimmer, dem man weggenommen
die Brille, ist ganz abgekommen
vom Kurs. – Nun ist die Bahn verschwommen.

Gewichtsprobleme
Wenn Dünne Dicke überrunden,
dann wuchern sie mit ihren Pfunden.

Lob der Rückschau
Symbolik des Rudern: Vorwärtskommen,
obwohl oder weil man rückwärts schaut –
zu selten als ein Vorbild genommen
vom Heißsporn, der nur auf „nach vorn" vertraut.

Trainer-Weisheit
Nur in den Startlöchern zu sitzen,
reicht nicht, ihr müsst auch flitzen!

Leitplanke
Des Lebensmotto´s Formel Eins:
Ein Traumstart nützt beim Autorennen
nur denen, die nicht weiter pennen. –
Sonst hat an Kurve 1 man keins.

Handicap
Ein Golfer abgehetzt schon kroch,
drum pfiff er auf das letzte Loch.

Armer gebrochener Stabhochspringer
Wie soll ich siegen, wenn sich Leut´ erfrechen,
schon vorher über mich den Stab zu brechen?!
So bleib ich arm, hab nichts zu lachen,
kann keine großen Sprünge machen.

Verwirrter Stabhochspringer
Da soll ich eifrig meinen Sport betreiben
und doch nicht dauernd bei der Stange bleiben?!

Ballspiel
– Gefährdetes Bleiberecht –
Der eine will am Ball noch bleiben,
die andern ihn geballt vertreiben.

Anti-Aging

Ein Fitnessjünger konstatiert
am Laufbahnende konsterniert:
„Da hetzt man rund durch Wald und Flur,
dass man gesund erhalt sich nur,
und stürzt dann doch zu schlechter Letzt
mit einem Flugzeug ab entsetzt."

Anglerpech

Das ist doch ganz und gar daneben:
die Angler aus den Angeln heben!

Rosstäuscher

Ein Jockey reitet ganz zuletzt,
hat sich auf falsches Pferd gesetzt. –
Ja, wenn man täuschet Ross und Reiter,
dann kommt im Rennen man nicht weiter.

Torschusspanik

– Die Angst des Tormanns beim Elfmeter [7]–
Nun steh ich hier in meinem Tor
und komm als armer Tor mir vor.

Dumm gelaufen

– Träume sind Schäume (vor Wut) –
Was nützt ein Traumstart, wenn man dabei pennt
und dann noch in die falsche Richtung rennt?!

Finish – Finito

Ein Finne, der etwas verdattert
und sich darob hat ver-regattert,
weint laut in seinem Fin-Dinghi:
„Ich find sie nicht. Wohin sind die?"

---

[7] Titel einer Erzählung von Peter Handke

Geist-Reich

Wassermühle
Ein Philosoph denkt schon seit Wochen
und martert sich ganz ohnegleichen:
„Wenn alle nur mit Wasser kochen,
wer kann dann wem das Wasser reichen?"
Bei dieser Frage macht er schlapp
und gräbt sich selbst das Wasser ab.

Gebetsmühle
Beim Frühgebet ist sein Gewissen
dem Pfarrer hin- und hergerissen:
„Den Tag nicht vor dem Abend loben?
Was denken die sich denn da oben?!"

Streitkultur
Grad wenn verärgert und verschnupft
dem Redner manches Wort entschlupft,
so ist´s, nimmt er kein Blatt vorn Mund,
für Hörer reichlich ungesund.

Bei Gerichtshofe
Ein wohlerzogner Rechtsprofessor
bringt Rechtsbedenken im Prozess vor:
„Justiz ohn´ Ansehn der Person? –
Unhöflich finde ich das schon!"

Zuspitzung
Bei elitären Grundgedanken
Statistiker ganz ängstlich wanken.
„Wenn wir es auf die Spitze treiben,
wo soll denn da der Durchschnitt bleiben?"

Selbtredend
Rhetoriker ein Urteil fällen,
wenn sie sich selbst zur Rede stellen?

Hunde-Elend
Ein Philosoph doziert recht gern
und scheint sich tierisch dran zu laben:
„Die Suche nach des Pudels Kern –
liegt da nicht stets der Hund begraben?"

Es kommt wie's kommt
„Die Dinge sowieso geschehen.
Ist etwas nicht vorherzusehen,
dann schadet blinder Eifer kaum." –
Prognostikern ein schlimmer Traum!

Zu einseitig
„Dass jedes Ding zwei Seiten hat,
ist ein Gerücht von Ignoranten,
die in Schwarz-Weiß nur denken platt
und nie ein Buch von innen kannten",
stellt fest ganz unbezweifelbar
der weise Bibliothekar.

Nackte Tatsachen ?
Selbst eingefleischte Volljuristen
Prozesse schon verloren gaben,
wenn sie sich stritten mit Nudisten
und denen war nichts anzuhaben.

Ein Nassforscher
„Selbst trockne Tücher helfen nicht,
ist ein Vertrag nicht wasserdicht",
spricht ein Notar in nasser Robe
bei des Vertrages „Wasserprobe"
und prüft genau das Exposé,
ob es als Schiffchen untergeh´.

Nichts ist unmöglich
Ein Rhetor sieht´s partout nicht ein:
„Davon kann keine Rede sein?!"

Beratungs-Wildwuchs

Auch wenn's Berater nicht entzückt
und ihnen auf den Magen schlägt:
Weiß, wo der Schuh am meisten drückt,
nicht der am besten, der ihn trägt?

Planlos

Aus Jähzorn und recht unbedacht
hat einst ein Planer dies gemacht:
Die Pläne warf er übern Haufen.
Nun muss er hintern Haufen laufen.

Ungeahnte Folgen

Ein Redner drückt´s mit Klarheit aus:
„Es ist doch manchmal wirklich dumm:
Spricht man zu jemand grad heraus,
nimmt der es einem mächtig krumm."

Klagemauer

Was Volkes Stimme deucht blamabel,
erscheint Behörden justiziabel:
Zu stoppen die Prozesslawine
streicht einfach man Gerichtstermine.
So werden Streitparteien träger,
denn wo kein Richter, da kein Kläger.

Endreim

Spät kommt die Einsicht, doch noch nicht zu spät:
Wenn nicht versteht die Welt mehr der Poet,
sich keinen Reim auf etwas machen kann,
dann naht das Ende für den Dichtersmann.

Positivismus

Manch Dinge sind, wie Philosophen meinen,
oft anders als zunächst sie uns erscheinen:
Ein Skeptiker sieht positiv die Welt,
weil wirklich alles er für möglich hält.

Ei-fersucht / Ei-verflucht !
Der Eiweißforscher findet´s schade:
„Das Gelb vom Ei ist´s nicht gerade."

Übersiedlung
Besorgt sich Städteplaner fragen:
„Wenn zuviel Leute Wurzeln schlagen,
wie solln die Bäume das ertragen?"

Zyklische Krise
Dass Mangel herrscht in allen Kreisen,
die Ökonomen so beweisen:
„Es fehlt, man kann sich drehn und wenden,
an allen Ecken und auch Enden."

Geheimdiplomatie
Oft heißt, will das Gesicht man wahren,
sein wahres nicht zu offenbaren.

Self-fulfilling prophecy
Als falsch sich ein Prophet enthüllt,
der Prophezeiung selbst erfüllt.

Rundum Ecken und Kanten
Ein Mathematiker in Wut
mitunter auch mal Gutes tut:
Als er gesprungen im Quadrat,
sich an den Ecken wehe tat.
Aus Schaden wurde er nun weise
und dreht bei Wut sich jetzt im Kreise.
So führt er Umkehr des Beweises
von einer Quadratur des Kreises.

Hausverbot
Ein großer Redner ohne Maßen
ist Sokrates auf allen Straßen.
Zu Haus riskiert er keine Lippe –
das Sagen hat hier die Xanthippe.

Wachstumsgrenzen
Die Ökonomen ahnen bange:
Umsonst ist alles Planen lange
am Ende einer Fahnenstange.

Beim Bart des Propheten
Nicht jeder, dem ein Barte steht,
ist darum auch gleich ein Prophet.

Berufsgeheimnis
– Si tacuisses, philosophus mansisses –
Für sich behält´s der Philosoph,
weshalb er niemals gilt als doof:
„Gesegnet sei, wer nichts zu sagen
und hält den Mund zu allen Fragen."

Fraglosigkeit
– Jeopardy-Frust –
Was nützt die beste Antwort von der Welt,
wenn niemand je die passende Frage stellt?

Höhere Mathematik
Die Kunst der Menschenführung klingt recht bieder,
wenn sie erklärt wird schlicht vom Führungsmann:
„Man muss mit Leuten rechnen immer wieder,
auf die man später dann nicht zählen kann."

Toleranzgrenze I
„Versteckt sich hinter Toleranz
nicht eigentlich Larmoyanz,
der andre könnte doch recht haben?"
die Weisen zu bedenken gaben.

Toleranzgrenze II
Des Philosophen Toleranz kriegt Risse,
wenn eine klare Antwort er nicht wisse:
„Intoleranz strikt nicht zu tolerieren –
heißt dies, dass tolerant wir uns gerieren?"

Perlen vor die Säue
Ein Redner über Störer sich beschwert:
„Die sind doch alle nicht der Rede wert!"

Trostlos
Was die Gemeinde sehr erboste:
ihr Pfarrer war nicht ganz bei Troste.

Redehemmung
Dem Redner ist es Horror schlicht:
er hat das Wort und findet's nicht.

Schweigegelübde
Ein Schweigemönch, der zum Reden bereit:
„Ganz selten ist Schweigen nur Sprachlosigkeit."

Denkforschung
Manch Forscher viel Zeit und Geld dafür verschenken,
dass Andersdenkende auch nicht anders denken.

Von Zivil- und Strafrecht
Wenn ein Beamter mal unpässlich,
sind Schonung, Ruhe unerlässlich.
Soldaten, die nicht auf dem Posten,
kann dieses Kopf und Kragen kosten.

Kunst der Frage
Nicht nur Fragen stellen, die erhellen,
auch die Antworten in Frage stellen.

Stellungsfragen
Die Frage stellt man (Ohren spitzen!),
die Antwort aber sollte sitzen.

4. Hebelgesetz
Archimedes lächelt verschmitzt,
als er ihm Ausdruck verliehen:
„Wer am längeren Hebel sitzt,
wird nicht den Kürzeren ziehen."

Fraglos eine Pleite
Die Antwort war brillant, doch ging ins Leere –
die Frage kam ganz blöd ihr in die Quere.

Prozesshaft
Wer über´s Denken klagt, soll sich besinnen:
Man kann nicht jeden Denkprozess gewinnen.

Gedankenlose Schnellschüsse
Wer denkt, bevor er etwas sage,
kommt nie zu Wort mehr heutzutage.

Hasenscharten
Nur der, der zick-zack denkt gehäuft,
kann wissen wie der Hase läuft.

Philosophische Fragen
Soll Philosophen Lob und Dank gebühren,
wenn sie Absurdes ad absurdum führen,
der Negation der Negation nachspüren?
Oder sind´s doch bloß Precht´sche[8] Staralüren?

Der Coach als Naseweis
Ein Coach entdeckt Klienten Bekanntes mit großer Emphase:
Im richtigen Riecher steckt das Zeug zur goldenen Nase.

Extrem selbstbezogen
Der einzig wahre Eremit
selbst von sich selbst zurück sich zieht.

Scheineilig
Rein kontemplativ wird man einig sich sein:
Die Macher erkennt man am Eiligenschein.

---

[8] Richard David Precht, der von Vielen und vor allem auch von sich selbst als ein großer Gegenwartsphilosoph angesehen wird und ein wenig eitel scheint.

Zurück in die Zukunft
– Futurum III –
Weil sich Erinnerung öfter mal irrt:
„Nichts ist so, wie's gewesen sein wird."
(Vergangenheit? Zukunft? Gegenwart? –
Wie solch ein Sätzchen bisweilen doch narrt!)

Wahrscheinlichkeitstheorem
– Auch Unwahrscheinliches ist wahrscheinlich –
Das Gemeine an der Wahrscheinlichkeit:
Es kann alles passieren, von Zeit zu Zeit.
„Doch manchmal auch nicht!" –
der Zusatz besticht.

Sekundärstoff
„Das Sekundäre ist in erster Linie
nur zweitrangig", sprach Philosoph zur Pinie.[9]

Gefühlvolles Denken?
Die großen Gefühle vom Großhirn nicht stammen. –
Hängt so das Denken mit Fühlen zusammen?

Zeitverschiebung
„Von gestern ist, wer heute schon für morgen hält." –
Wer hat in aller Welt denn so was festgestellt?!

Rumpfgedanken
– Entlaufen –
Gedanken freien Lauf zu lassen –
wie das Gedanken selber hassen,
zumal wenn ohne Hand und Fuß
sie laufen sollen ganz abstrus.

---

[9] Die Pinie steht da nur des Reimes wegen. Aber es soll ja durchaus Philosophen geben, die beim Waldspaziergang mit Bäumen sprechen, damit ihnen überhaupt mal jemand zuhört.

Lob des Selbstgesprächs
– nach Wilhelm Buschs Gedicht über die Selbstkritik[10] –
Ein Selbstgespräch hat viel für sich:
Gesetzt den Fall, ich spreche mich,
so habe ich erstens den Gewinn,
dass ich zu Wort gekommen bin.
Zum zweiten freut es mich sofort:
ich habe stets das letzte Wort!
Auch schnapp ich drittens manchen Bissen
vorweg den andern Kritiküssen.
Und viertens hoff ich außerdem,
dass recht behalt ich ganz bequem.
So kommt es denn zuletzt heraus,
dass ich ein ganz famoses Haus.

Zwangsgedanken – Gedankenzwänge
War ein Gedanke gut, weiß man,
dass wiederkehrt er irgendwann.
Doch war er schlecht,
na dann erst recht.

Der wahrscheinlich kürzeste Beitrag zum 500. Reformationsjubiläum
Thesen, Thesen,
seid´s gewesen! [11]

Relevanz der Irrelevanz
Die Faszination vom Irrelevanten –
eine der Philosophiekonstanten.

---

[10] Wilhelm Busch: Kritik des Herzens
[11] Der am 31.Okt. 1517 durch Martin Luther erfolgende Anschlag der 95 Thesen an der Tür der Schlosskirche zu Wittenberg gilt gemeinhin als Beginn der Reformation. Die hier benutzte Anleihe bei Goethes „Zauberlehrling" ist rein formaler, reimtechnischer Natur, während für eventuelle inhaltliche Assoziationen und Fragen (Luther als Zauberlehrling? Wer war der Hexenmeister?) keinerlei Haftung übernommen wird!

Peacemaker
Der Friedensforscher uns gemahn:
Das „Aug´ um Auge, Zahn um Zahn" –
wie schreibt man das denn richtig schlüssig
in Blindenschrift und möglichst flüssig?

Pulverisiert
Nicht simpel ist die Quintessenz
von menschlicher Intelligenz:
Hab´n nicht gerade die verstanden,
die just das Pulver nicht erfanden?

Fremdschämen
Philosoph in eitler Verblendung:
„Vertraut ist mir nur die Entfremdung."

Wer fragt, führt
„Fragen ist besser, als Antwort nicht wissen",
sagt sich der Frager und fragt ganz gerissen.

Nach Gutdünken
– Transzendentale Meditation –
Ob je ein Philosoph es löse,
was jenseits ist von Gut und Böse?

Neues zur Heisenbergschen Unschärferelation
– Ein Quentchen Wahrheit –
Im Sprachgebrauch wird der Quantensprung
für Großes benutzt mit Begeisterung.
In Wahrheit jedoch ist er winzig klein. –
Das dürfte die wahre Unschärfe sein.

Musik

Überspannt

Der Geiger dreht an seinen Wirbeln,
um andre Saiten aufzuzwirbeln.
Doch ging´s ein wenig in die Hose,
nun leidet er unter Lordose.

Pro und Contra

Nie darf er spielen richt´ge Soli,
drum bietet allen er Paroli,
ist gegen dies und sonst noch was –
der Spieler von dem Kontrabass.
Viel netter, wirklich pikobello
verhält sich da der Typ vom Cello.

Katharsis

Der Sänger, der beim Forte patzte,
weil ihm im Hals das Worte kratzte,
sprach andern Tags noch völlig heiser:
„Beim nächsten Mal da bin ich weiser
und singe einfach etwas leiser.“

Kein Kupferstich

„Verschone mich mit deinem Bisse“,
fleht ein Hornist zu der Hornisse.

Stimmungswechsel

Ganz überraschungsvoll gelaunt
ist ein Tenor, der bass erstaunt.

Weichspieler

Wohl niemals ist er der Heroe,
wenn er ganz sanft spielt die Oboe.
Doch sorgt bei Frauen für Furore
er soft als Oboist d´amore.

Fingerübung

Korrektheit ist die höchste Zier
für Pianisten am Klavier:
Wenn alle Fünfe sie gerade
sein ließen, wär' das jammerschade –
nie hätten sie die Hand im Spiel,
was nun mal ihr Berufes Ziel.

Soli eo

Selbst ein begnadeter Solist
entpuppt sich oft als Terrorist:
zwingt auf sein Tempo dem Orchester,
kaum hat es dies, schon gleich verlässt er
das selbige und torpediert,
wenn das Orchester grad forciert,
mit einem ausgedehnten Schleppen
das Unterfangen dieser Deppen.

Spendierlaune

Drehorgelspieler sammeln Gaben,
wenn sie was auf dem Kasten haben.

Beklemmung

„Wie ist das reichlich doch behämmert,
dass stets die gleiche Taste klemmert!"
erzürnt sich Mann am Cembalo,
bleibt stecken dadurch sowieso.
Verklemmtsein höhnt der Etikette
grad ebenso bei dem Spinette.

Nomen est omen ?

Die Alt-Oboe schimpft vor Zorn
auf Arroganz des Flügelhorn:
„Du blä(h)st dich auf und kannst nicht fliegen!"
Das Horn lässt sich nicht unterkriegen:
„Kannst du als Englischhorn denn Englisch?"
erwidert es ganz unverfänglich.

Trübsal blasen

Wo andre auf die Tuba drücken,
bei Fagottisten mit Entzücken
wir allen Schmerz und Mühsal lasen,
wenn sie so herrlich Trübsal blasen.

Flaute (Flöten gehen)

Wenn Atmung stockt, ist man in Nöten.
Recht folgenreich ist dies beim Flöten:
Ein Mann aus Hameln ist nicht länger,
weil er beim Flöten hat ´nen Hänger,
der hochberühmte Rattenfänger.
Nun muss er kleiner sich verdingen
beim Mäuseturm von der Stadt Bingen.

Fuzzy-Logik

Manch Schlagersänger auch nach Jahren
stets nach dem gleichen Lied verfahren:
Sie machen vor uns blauen Dunst,
weil keinen blassen sie von Kunst.

Chorschlusspanik

Als er verfehlt das hohe C,
tat ihm das menschlich so sehr weh,
dass er sofort am Ort noch schwor:
„So wahr ich hier steh als Tenor,
damit dies komme nicht mehr vor,
ich wechsle lieber in den Chor."
Verlässt, zu tragen Schuld und Sühne,
verstört mit Ungeduld die Bühne.
Die Kritiker sich harsch empören:
„Wenn das ein jeder würde schwören,
von dem wir falsche Töne hören,
was würde dann aus unsern Chören?"

Wunschkonzert

Wie Kritiker Solisten hassen,
die nichts zu wünschen übrig lassen!

Verschnupft

Bei Husten, Schnupfen, Heiserkeit
da schweigt des Sängers Höflichkeit.

Trauerspiel

Ein Scherzo wenig Freud bereitet,
wenn Musiker zu zart besaitet,
ausleben dabei exzessiv,
dass sie ein wenig depressiv.
Denn kaum ertönt das Kammer-A,
schon ist der ganze Jammer da!

Broterwerb

Ein Sänger singt das „Backe, backe Kuchen ..."
als Zugabe und hört die Leute fluchen.
Am Schluss erklärt er so das Ding:
„Wes Brot ich ess, des Lied ich sing."

Genie und Wahnsinn
– Hammermäßig –
Bei manchem Künstler muss man fragen:
Ist er bekloppt oder beschlagen?

Leichtigkeit des Seins

Ein Tuba-Spieler hat es schwer
und schaut deshalb wohl um so mehr
zur Piccoloflötistin hin,
nach der ihm schmachtend steht der Sinn:
mit Anmut perlend sie brilliert,
wo er als Ochs´ nur blökt und stiert.
„Was macht der bloß für ein Gewese!"
brummt´s Alphorn dumpf in Antithese.

Ruhepunkt

Hat jemand viel Musik im Blut,
tut dies der Ruhe selten gut.
Als Rastplatz packt in die Sonate
der Komponist drum die Fermate.

Sangeskunst

Wo andere nach Worten ringen,
weiß er ein Lied davon zu singen.

Glückauf, der Steigerer kommt

Rein musisch geht oft ein Crescendo
recht seltsam unverhofft zu Endo.
Auch wenn rein sprachlich man was steigert,
klingt es bisweilen arg vergeigert.
Das heißt, dann liegt ein Komp´rativ
um vieles schiefer noch als schief,
wie uns der nächste Vers es zeiget,
bei dem die Logik etwas schweiget:
Sehr sanft erklingt das Flageolett,
besonders bei ´nem Stadtbankett.
Weil rauher ist nun das Fagott,
ertönt sein Spiel beim Staatsbankrott.
Sein Spieler, quasi der Fagotter,
ist freilich noch viel mehr bankrotter.

Flötentöne

Wenn jeder 1. Geige spielen will,
geht das Orchester flöten und bleibt still.

Verbannt

Ein Sänger, der in Bann nicht zieht, –
das ist das Ende dann vom Lied.

Leidenschaft

Kleidernot
Wenn er mit seiner Rüstung ringt,
ein Ritter sich in Harnisch bringt.

Drahtseilakt
Dem Seiltänzer ein guter Rat:
Sei ausgeglichen, stets auf Draht!

Graf Isolanis Erbe [12]
Ein wirklich armer Schwarzer Peter
ist der notorische Verspäter.
Man hat ihn letztlich dann geschasst,
als er selbst Denkzettel verpasst.

Verrückt
Wie blöd ist, wer in aller Welt
´nem Fakir in den Rücken fällt!

Blinde Rache
Ein Farbenblinder sucht nach Sühne,
weil ihm der andre ist nicht grüne.

Stehvermögen
Ein Macho fragt: „Wie kann das gehen,
noch unter dem Pantoffel stehen?"

Just in time
„Tu jedes Ding zu seiner Zeit,
dann kommst im Leben du recht weit.
Drum: in die Höhle eines Löwen
sollst du dich echt nur dann begeben,
wenn er grad außer Hause jagt",
ein Überlebenskünstler sagt.

---

[12] „Spät kommt Ihr - doch Ihr kommt ..." Schiller: Wallenstein,
Piccolomini

Gespaltenes Echo
Es spricht der Pontius zu Pilatus:
„Ist schizophren denn jetzt mein Status?"
Pilatus drauf zum Pontius-Piepel:
„Wir sind persönlichkeits-multipel."

Zwerg-Bergwerk
„Bin ich erst einmal über'n Berg,
noch sechsmal und dann bin ich Zwerg",
sagt ein Verehrer von Schneewittchen
auf seinem Weg zu diesem Flittchen.

Lauschangriff
Lauscher, Lauscher an der Wand,
was ist die schönste von deiner Schand?

Nicht so abgebrüht
Der Hydrolog' ist jedem Liter
ein ganz barmherz'ger Samariter:
„Ein Tropfen auf den heißen Stein –
wer denkt da an des Tropfens Pein?"

Gehörsam
Manch Altruisten selbstlos nerven,
sobald sie sich ins Leben werfen:
Wenn sie Gehör mal finden, denken
sie ängstlich gleich: „Wem solln wir's schenken?"

Lokalkolorit
Wenn Torten richtig lecker schmecken,
dass alle sich die Finger schlecken,
der Durchschnittsbürger könnt' „sich fetzen"
und glattweg „in die Torte setzen".
Doch wenn Karrierefrau'n sie munden,
wird kapriziös-gewählt befunden:
„Ein Stück weit möcht' ich mich verorten
in all die delikaten Torten."

Paraderolle
„Warum der Kerl samt Gören zieht
quer übern Platz als Störenfried!?"
ein Feldherr sich bei dem beschwert,
der ihm in die Parade fährt.

Verrückt nach Tee
„Nicht alle Tassen, Gott sei Dank,
hat man beim 5-Uhr-Tee im Schrank",
bemerkt Earl Grey und lacht verschmitzt,
wenn er bei Lady Milford sitzt.

Die nackte Wahrheit
Der Voyeur am Strand der Nackten
entschuldigt sich, als die ihn packten:
„Ich fühle mich so angezogen." –
Da hat er zweifach nicht gelogen.

Schamloser Landraub
Wenn Grundbesitzer andern Land wegnehmen,
sie sollten sich in Grund und Boden schämen!

Wunschlos glücklich ?
Ein Dilettant ist stets bereit
zum Lob der Unvollkommenheit:
„Lässt etwas keine Wünsche offen,
worauf nur kann man dann noch hoffen?"

Gefährliches Parkett
Die Tänzer finden's gar nicht nett,
legt wer 'ne Sohle aufs Parkett:
zum einen stiehlt er ihre Show,
zum andern stolpern sie dann so.

Aufheller
Im Dunkeln können Leute ganz schön nerven,
die stets und ständig Licht auf etwas werfen.

Tanzpädagogik
Ein Tänzer mahnt zu Contenance
bei einem flotten Contredanse:
„Auch wenn es schwer fällt, rat ich allen,
nicht jemand in den Schoß zu fallen." –
Honi soit qui mal y pense!

Sonnenwind
Ein Mitläufer, ganz exzellent und gekonnt,
sogar noch im Windschatten hat sich gesonnt.

Missverständnis ?
„Wer anderm eine Grube gräbt,
obwohl der andere noch lebt,
der ist ein richtig Widerwärt´ger",
spricht zornerfüllt der Friedhofsgärtner.

Goldgräberstimmung
Goldgräber gibt sich generös:
„Werd´ niemanden zur Ader lassen."
Die anderen finden´s ruinös
und werden drum ihn hadernd hassen.

No risk, no fun
Dem Caesar wird die Zeit recht lang,
wenn ihm vor keinem Brutus bang.

Richtungsloses Treiben
Wie könnt´ ein Speichellecker ruhn,
wenn er nicht weiß, was opportun?
Wer mit dem Strom zu schwimmen liebt,
was soll der tun, wenn´s keinen gibt?

Windspiel
Mitunter sieht man es erst spät
und soll den Sturm nicht dämpfen:
So mancher, der den Wind gesät,
will nur mit Mühlen kämpfen.

Rocklegende
Es hat die Frau die Hosen an.
„Na und?" sagt nur der Schottenmann.

Unersättlich
Ein Pessimist ist glücklich nicht mal dann,
wenn er sich tief im Unglück suhlen kann.

Einsame Spitze !
Die Einsamkeit dem Vorbild frommt,
denn Tugend ist, wenn keiner kommt.

Klischeeverformung
Klischee:
Der Optimist sei ein aktiver Macher,
der Pess sein inaktiver Widersacher.
1. Verformung:
Ein echter Pessimist wird sich bewegen
und kommt dem Unglück immer gern entgegen.
2. Verformung:
Nur Pessimisten schmieden echt solange
das Eisen wie's noch heiß, aus großer Bange.
Der Optimist mit Leichtsinn darauf setzt,
dass nie erkalten wird es hier und jetzt.

Eine Nummer zu groß
– unzurechnungsfähig –
Ein Minuend, vor Kummer schlapp,
spricht zu dem Subtrahenden:
„Du ziehst hier eine Nummer ab,
führst nur zu Differenzen!"

Den Teufel mit Belzebub ...
Am Frommen sich zu rächen,
ein Ketzer laut verkündigt:
„Den soll man heilig sprechen,
der in der Hölle sündigt."

Geheimbund
Zwei Chefs den Machterhalt betreiben:
„All das hat unter uns zu bleiben."

Kluge Tarnung
An jedem Neunmalklug mag sich erhellen,
wieviel Verstand man braucht, sich dumm zu stellen.

Rock around the sock
Man wundert sich: Wenn Singles rocken,
dann tun sie´s meist in Ringelsocken.
"Warum?" ist man am Überlegen. –
Vielleicht ja nur des Reimes wegen ?!

Unverfroren
Ein Urmensch-Papa, weil er friert,
klaut Babys Fell sich ungeniert.
„Und wenn du groß bist", sagt er schnell,
„bekommst du auch ein dickes Fell."

Scout-Motto
Die Nikoläuse muss man schon entdecken,
wenn sie noch in den Kinderschuhen stecken.

Desillusionierung
Warum wir Illusionen hassen,
wenn sie sich schnell erfüllen lassen?

Misserfolgsverwöhnt
Dass er im Misserfolg sich siele,
setzt sich der Mensch zu hohe Ziele.

Teufelskreis „Entscheidungsschwäche"
Was auch geschieht, wird Zauderer verdrießen.
Denn auch zum Zögern muss man sich entschließen.

Fallen stellen
Zur Rede wird man gleich gestellt,
wenn man wem in dieselbe fällt.

Spätzünder
Bei manchem hat es erst gefunkt,
wenn er den Fön ins Wasser tunkt.

Kabinendruck
Wenn dich beim Anprobiern ein Kleid beengt,
in welches du dich mühsam reingezwängt,
dann kannst du trampeln, schreien, fluchen –
oder ganz einfach nur das Weite suchen!

Blinde Wut
Wenn Kritiker an dem Achilles
nur dessen Ferse sehn, so will es
uns scheinen, dass sie ganz gelinde
nicht nur auf einem Auge blinde.

Hyperaktivitätsstörung
Vor Übereifer mancher spinnt:
reißt Bäume aus, wo keine sind!

Verwicklungen
„Schon wieder bin ich tief verstrickt!"
ein Tau beim Abseil'n sich erschrickt.

Der Weg ist das Ziel
Selbst wenn du auf Abwegen wandelst –
du bist auf dem Weg und du handelst.

Strohfeuer für Spätzünder
Mit Stroh im Kopf, das ist bekannt,
ein zündender Einfall wirkt hirnverbrannt.

Blanker Irrwitz
Wer nicht weiß, wohin er will,
kann nicht irren imbezill.

Schmiedeeiserner Wille
Wenn du dich mal wieder endlos bemühst:
Schmiede das Eisen, solange du glühst.

Schmetterlingsgefühle
„Genießt die Blüte eurer Jahre",
spricht der Herr Pfarrer am Altare.
„Wie kurz und eng sind alle Dinge
fürs Liebespaar der Schmetterlinge:
liebt sich, welch Tragik dieses Pärchens,
nur in der Blüte seines Jährchens."

Irrlichter
– Neues aus der (Kla-)Mottenkiste –

„Vom Lichte werd´ ich angezogen",
sagt eine Motte sich. Doch leider
denkt sie dabei an schicke Kleider.
Darauf ist sie hereingeflogen.

„Sehr heiß!" kommt ihr noch in den Sinn,
„ich bin entflammt!" – schon ist sie hin.
Zu spät erst, als der Tod sie holt,
fühlt sie: „Man hat mich wohl verkohlt."

Was sagt uns dies? Dass Lichtgestalten,
was sie versprechen, meist nicht halten.
Und:
Habt nicht wie Motten die Marotten,
zu denken stets nur an Klamotten.

Heiliger Zorn
Auch den Pastoren innewohnen
gar manche Wut und Aggressionen.
So kam der Pfarrer Kneipp beim Beten
auf die Idee des Wassertreten.

Gewalterbe
Familienforscher plagen Fragen,
wenn Erbe mit Gewalt gepaart:
Schlägt wer in seines Vaters Art,
ist der nicht aus der Art geschlagen?

Teamgeist
Im überfüllten Boot auf See
bekommt ein Seemann Ach und Weh
und fühlt sich durch den Trost bedroht:
„Wir sind doch all in einem Boot."
Und klar wird so dem guten Mann:
Es kommt stets auf den Kontext an.

Grüner wird´s nimmer
Wenn Nachbarn sich so richtig hassen,
nie Gras darüber wachsen lassen,
sich lieber weiter wild empören,
weil sie das Gras nur wachsen hören,
und sich ganz bös das Maul zerreißen,
der andre mög´ ins Gras doch beißen –
dann sind sie „sich nicht grün" zu heißen.

Dolce far niente
Ach, dass die Hyperaktiven es raffen:
Nichtstun ist besser, als mit Mühe nichts schaffen.

Schein oder Nicht-Schein?
– Lottogeheimnis –
Der Lottospieler geht zum Schein
in seinen Lottoladen rein
und freut sich, dass ein jeder spricht:
„Na, hat er oder hat er nicht?"
Und um den (Lotto)Schein zu wahren,
wird er dies niemand offenbaren.

Haarige Geschichte
Was der Rapunzel schien gewogen,
hat sie an Haar´n herbeigezogen.

Wallfahrt
Zu Ende bringen es die Frommen,
wenn sie zu Heilgem Stuhle kommen.

Enttäuschung

Brief mit Biss
Ein Briefträger um Hilfe rief,
als ihn ein Schäferhund gebissen
und ihm den Brief hat wild entrissen.
Nun zweifelt am Beruf er tief,
zumal es war ein Hirtenbrief.

Übertriebene Höflichkeit
Mit Recht wird eine Braut den Bräutgam hassen,
der sie aus Höflichkeit hat sitzen lassen.

Von Menschen und Tieren
„Ach wär ich Tierarzt nur geworden,
so müsst ich von Patientenhorden
nicht dulden leidendes Salbadern!"
hört man den Menschenarzt mal hadern.
Das Gegenteil so ungefähr
wünscht, tiergeplagt, der Vet´rinär:
„Mit den Patienten plaudern können,
sich Schwätzchen ohne Zaudern gönnen -
ach wär das schön und mehr von Nutzen
als stets nur Pferdehintern putzen!"
Und denkt, greift er zum Mull, bisweilen:
„Muss ich denn jeden Bull-Schiss heilen?!"

Ausweglos
„Wo hat der blöde Architekt
den Bauplan und sich selbst versteckt?!"
grämt sich der Labyrinthenmaurer
und wird mit jedem Stündchen saurer,
das ihm von Freizeit abgezweckt,
weil er die Freiheit nicht entdeckt.
Und ihn zum Schluchzen dauert´s sehr:
„Wenn ich doch Fluchtenmaurer wär´!"

Quälgeister

Es fragt der Psychotherapeut,
der sein´ Berufswahl heut´ bereut,
das Burning-out nicht kann verhehlen:
„Warum sich mit Querelen quälen
von andrer Leut´ verqueren Seelen?
Ist nicht das eigne Plagenknäul
genug schon für des Tages Gräul?"

La dolce vita

Was hat er einst darum gegeben,
zu kosten von dem süßen Leben.
Als Zuckerbäcker ihm vergeht es,
zumal er hat jetzt Diabetes.

Staatsaffäre

Der Präsident ist ein geschlagner Mann,
wenn keinen Staat man mit ihm machen kann.

Rentenneurose

– Schlimmer geht´s immer –
Ein Zimmerer, der nimmer zimmert,
im Zimmer immer schlimmer wimmert.
Noch schlimmer plagt beim Lagenschwimmen
den Schwimmer arges Magengrimmen.

Wohnungslos

Nicht nur ob seiner Durchschnittsmaße
hat es der Durchschnittsbürger schwer:
muss er als „Mann" doch „auf der Straße"
stets sein, auch wenn er drin gern wär.

Alptraum

Der Träumer sieht mit hartem Graus,
dass eingestürzt sein Kartenhaus.
Wie bitter muss das für ihn sein:
Es fiel ihm nicht im Traume ein.

Gewaltprävention
An Land soll man sie schnelle tragen,
wenn Kinder hohe Wellen schlagen.

Schindluder
Drum prüfe, wer sich ewig schindet,
ob sich nicht noch was Leichtres findet.

Erwachsenwerden [13]
Die Sonne scheinet auf die Heide,
es steht ein Schäfer auf der Weide,
der blickt zufrieden auf die Herde
und lobt sein schönes Fleckchen Erde.
Ein sanfter Wind mag ihn umsäuseln,
derweil sich Schäfchenwolken kräuseln.
So sah er aus, sein Kindheitstraum.
Was wurd´ daraus? Er fasst es kaum: [14]
Rumstehn, in den Himmel stieren,
Hände, Füße sich abfrieren.
Dauerregen, kalter Wind,
Schafe, die nicht seine sind.
Stets und ständig gleiche Weiden,
wunde Füße, Rückenleiden,
Schnupfen, Husten, Rheuma, Gicht –
blanker Horror ist das schlicht!

Progressive Es(s)kapaden
Das Essen wird von Mahl zu Mahl
dem Magenkranken mehr zur Qual.

Subjektives Schönheitsideal
Beim Rat für angemessne Frist
"aufhören, wenn's am schönsten ist"
hat sich so mancher schon geirrt,
der hofft, dass es noch schöner wird.

---

[13] Zunächst mit lieblich-leichter Stimme lesen oder vortragen
[14] Achtung: ab jetzt das Tempo steigern, gehetzt wirken!

Jenseits des Lustprinzips
Ein Lustmolch, der geplagt von Frust,
sitzt da und hat zu nichts mehr Lust.

Von Beständigkeit zu Starrsinn –
nur ein Steinwurf
Als er das Boot gesetzt auf eine Sandbank,
philosophiert ein Käpt'n bei dem Landgang:
„Wie rasch mutiert ein Felsen in der Brandung
zum Stein des Anstoßes bei einer Landung!"

Burnout-Syndrom
Im weiten Rund hört man Toreros fluchen.
Der Stier will sich kein rotes Tuch mehr suchen.

Aussichtslos
Ein Gutmensch steckt im Teufelskreis,
dem zu entrinnen er nicht weiß:
„Kriegt man das Böse nicht zu fassen,
wie soll man es dann gut sein lassen?"
Und kreist verzweifelt gut und gerne
vom Morgen- bis zum Abendsterne.

Märchenhafter Beruf?
Ein Froschmann, mehrfach an die Wand
geworfen von Prinzessin-Hand,
die Schenkel schmerzhaft überdehnt,
sich herzhaft in die Rente sehnt.

Ermessensspielraum
Wenn man geprüft und hat befunden:
„Es stimmt nach menschlichem Ermessen",
hat man umsonst sich hart geschunden,
den Teufel im Detail vergessen!

Gebetsmühle
Ist es nicht sinnlos und kaum zu verbrämen,
´nen Atheisten ins Gebet zu nehmen?

Gesinnungswandel

Selbst bei dem Frömmsten offenbart
sich mal der Zorn, nichts ist von Dauer:
Auch Milch der frommen Denkungsart
wird irgendwann mal richtig sauer.

Beinliche Verwechslung

Des Operierten Mut erlischt,
wenn er am falschen Fuß erwischt.

Trübe Aussichten

Der Arbeitseifer bald erlischt,
wenn Detektiv im Trüben fischt
und sich trotz vieler Klarsichthüllen
Ermittlungsakten gar nicht füllen.

Närrisches Treiben

Wie kann sich frei ein Narr entfalten,
wenn andre ihn zum Narren halten?

Rosarote Vergangenheit

Es gibt Menschen, die wünschen sich immerdar,
dass nur alles so bliebe, wie´s nimmer war.

Bescheidung

Ein Scheidungsrichter warnt gescheit
vor schneller Trennung großem Leid:
"Drum prüfe, wer sich ewig trennt,
ob er schon etwas Bessres kennt."

Vaterschaftsklage

Schon mancher Vater hat Zweifel gehegt,
was man ihm in die Wiege gelegt.

Zielfahnders Sinnkrise

Ob, wenn der Weg das Ziel,
das Ziel nicht weg dann fiel?

Energiekrise
Der Chef vom Stadtwerk fragt seit Wochen,
als er besorgt Bilanzen las:
„Wenn alle nur mit Wasser kochen,
wer kocht denn dann mit Strom und Gas?"

Geburtsfehler
So mancher liebend gern verschwiege,
was ihm gelegt ward in die Wiege.

Offenbarungseid
Ein Farbenblinder sieht's mit Groll,
wenn Farbe er bekennen soll.

Makabre Lautverschiebung
Ein Mann ertrinkt
ganz ohne Schmuse-Lieder –
denn wo man sinkt,
da lass dich ruhig nieder!

Vertröstet
Der Delinquent grad dann verzagt,
wenn ihm sein Henker „Kopf hoch!" sagt.

Hexensabbat
„Jetzt fress ich nur noch meinen Besen,
das war es dann ja wohl gewesen",
so sprach mit Wehmut-Sentimente
die Hexe als sie ging in Rente.

Abgewickelt
Geschenkpapier sein ist nicht heiter:
Stets ist man nur der Außenseiter!

Abgebrochener Einsatz
Dem Ritter bracht's nur Ungemach,
als wer für ihn die Lanze brach.

Befehlsnotstand
Ein Kapitän ruft: „Stillgestando!",
doch niemand hört auf sein Kommando.
Da merkt er mit viel Augenmaß,
dass er auf falschem Dampfer saß.

Aufschneiderei / Stichhaltig
Dem Messerwerfer in die Hose
ging seine Eitelkeiten-Pose:
Er warf sich stolz in seine Brust –
vorbei ist´s mit der Lebenslust.

Zeitläufte
Ein alter Käpt´n wünscht seit Jahren,
auch einmal über Land zu fahren.
Doch weil er stets auf See gehangen,
ist nur die Zeit ins Land gegangen.

Entzaubert
Der Zaubrer schläft, es jault der Tauber
vor Enge in dem Zauberfrack.
„Was ist das für ein fauler Zauber?"
stöhnt das Kanin im Chapeau claque.

Sandkastenspiele
Dem Feldherrn ging sein Schlachtplan flöten:
der Feind ist auf den Plan getreten.

Unberechenbar
Woran soll Sysiphus noch glauben,
würd´ man ihn seines Steins berauben?
Und wie soll seine Schuld bezahlen
ein Tantalus bar aller Qualen?

Berufspendler
Ein Uhrenpendel klaget sehr:
„Nur ständig dieses Hin und Her!"

Unverschämte Erbschleicher
Ganz ausgekochte Erben Land sich nehmen,
indem sie sich in Grund und Boden schämen.

Kein Rockstar
Der Faltenrock ist sehr verbittert:
„Sagt, warum bin ich so zerknittert?"

Schuss in den Ofen
Ein Ofen hat mit Schmerz erkannt:
„Ich fühl mich kalt und ausgebrannt."

Fataler Irrtum
Ein Mensch kommt im Beruf nicht weiter.
Er hielt (welch Missgeschick, oh fades!)
die Sprossen eines Hamsterrades
für die einer Karriereleiter.

Treibsand
Den Sandmann hat es sehr gereut:
„Warum nur bin ich so zerstreut?"

Ein Fünkchen Hoffnungslosigkeit
Die Hoffnung letztlich auch ersäuft,
wenn alles aus dem Ruder läuft.

Aufhör'n!
Zu oft schon hat sich wer geirrt,
der hofft, dass es noch schöner wird.

Leidvolle Erfahrung
Erfahrung macht man meist erst dann,
wenn man sie nicht mehr brauchen kann.

Geniestreich
– Kreditlaufzeit –
Oh bedenke es wohl: Vieles ändert sich flott –
als Finanzgenie gilt man nur bis zum Bankrott.

QM [15]
Kuh M. als Wiederkäuer-Fresser:
„Was lange währt, wird auch nicht besser."

Wunschlos glücklich?
In jedem Wunsch auch die Enttäuschung steckt,
dass er sich voll und ganz erfüllt direkt.

Zweckpessimismus
Nur wer von Herzen negativ noch denkt,
wird überrascht und positiv beschenkt.

Von Haken und Ösen
„Nur immer werden _wir_ geschlagen!
Und was ist mit den bösen Ösen?"
die Haken vorwurfsvoll beklagen,
doch können das Problem nicht lösen.
Wenn man nach ihrer Stimmung fragt:
sie fühlen sich wie abgehakt.

Realitätssinn
Wenn du am seid'nen Schicksalsfaden hängst:
fast immer ist es schlimmer, als du denkst.

Krisengespräch
Osiris sprach zu Isis:
„Ich krieg gleich eine Krisis!"
Drauf Isis zu Osiris:
„Ich spir es."

Endzeitstimmung
„Heute – das ist der erste Tag
vom Beginn deines Endes." –
Da traf mich der Schlag.

---

[15] Kleine Hilfe: hier wird das Qualitätsmanagement auf die
Schippe genommen

Schwacher Trost
Wenn der Lärm dich in den Wahnsinn treibt:
Alles vergeht, nur der Nachbar bleibt.

Keep cool
Wenn bei Misserfolg packt dich so richtig der Zorn:
Auch ein sehendes Huhn findet oftmals kein Korn.

Aus Schaden wird man klug
Der Klüg´re gibt nur solang nach,
bis er der Dumme ist. Welch´ Schmach!

Vernarrt
Weil selbstbewusst die Narren schreiten
und voller Zweifel die Gescheiten,
drum leben wir in dummen Zeiten.

Spätzünder
Zu spät dem Mensch ein Licht aufgeht:
Meist ist es viel zu früh zu spät.

Kassandra´s Erben
Was auch passiert – stets ist wer da,
der immer schon dies kommen sah.

Vom Pessimismus einer Glücksfee
Das Glück währt kurz, oft ´ne Sekunde.
Dem Glücklichen schlägt keine Stunde.

Haarklein
„Haarspaltereien und Pomade –
wie ist mein Dasein doch so fade!"
seufzt klagend Worte so wie diese
ein Kamm, der in der Midlife-Krise.

Fleischeslust?
Ein Kotelett wird stets gefoppt:
„Du bist ja so was von bekloppt!"

Bedauernswertes Dauer-Los

So manche dauernd nur drauf lauern:
Wann hört es endlich auf zu dauern?

Totenmesse

– Bieterwettstreit –
Gebietet es die Pietät,
zu denken, es sei nie zu spät?
oder:
Verbietet es die Pietät,
zu sagen: „Jetzt ist´s auch zu spät!"?

Anleitung zum Unglücklichsein

Alles, was du brauchst zum Unglücklichsein,
steckt doch, sei getrost, in dir ganz allein.

Abgrundtiefer Fortschrittszweifel

Ein Rückschritt ist als Fortschritt anzusehen,
wenn wir vor einem tiefen Abgrund stehen.

Miesepeters Weltschmerz

Wenn Brunnen nur noch wenig pieseln
und Regenschauer schwächlich nieseln,
wenn große Steine werd´n zu Kieseln
und Marder müd´ herum nur wieseln,
wenn Partnerschaften kräftig kriseln
und Kavaliere werd´n zu Stieseln,
wenn Haut wird taub von Nesselfrieseln
und Rieselfelder nicht mehr rieseln –
das kann das Leben sehr vermieseln.

Schmierentheater

Für eine Flasche Öl ist´s schwierig:
stets hält man sie für äußerst schmierig.

Bescheid geben

Kein Satz ärgert einen Bescheidenen mehr:
Die Tugend bei dir ist berechtigt gar sehr.

Nihilistische Aporien
Was Nihilisten zur Verzweiflung treibt:
Rein gar nichts bleibt und nichts ist so, wie´s bleibt.

Katerstimmung
Wer die Katze im Sack hat bar gekauft,
später Kater bekommt und sich Haare rauft.

Krisenstimmung
Ein Schreiber kommt nicht auf den Punkt,
beim Funker hat es nicht gefunkt;
Der Sänger wählt den falschen Ton,
ein Sachse spielt kein Saxophon.

Elektriker sitzt in der Klemme,
der starke Mann zeigt sich als Memme;
der Flieger fällt aus allen Wolken,
von niemand wird die Maus gemolken.

Die Katze lässt das Mausen sein,
Chirurgen schrein durch Mark und Bein;
der Pfarrer ist nicht ganz bei Troste,
der Banker alles Geld verloste.

Der Wolf ist auf den Hund gekommen,
der Schwimmer sieht die Bahn verschwommen;
der Geiger hat das Stück vergeigt,
dem Zeiger hat man es gezeigt.

Der Töpfer kommt nicht mehr zu Potte,
die eine sucht die andre Lotte;
der Vortrag geht nach hinten los,
ein Mikrophon ist riesengroß.

Der Tischler nur noch Süßholz raspelt,
die Spinnerin sich schwer verhaspelt;
der Schmied weiß nicht wo Hammer hängt,
ein Zimmrer sich in Kammer zwängt.

Der Maurer nur beim Skat noch mauert,
der Zuckerbäcker ganz versauert;
ein Glaser keinen Durchblick hat,
der Spiegelmacher lächelt matt.

Ein HNO-Arzt ist verschnupft,
nichts ist gesprungen wie gehupft;
es kommt die Butter nicht zum Fische,
der Radi welkt in alter Frische.

Der Bäcker kriegt nichts mehr gebacken,
der Nervenarzt hat nichts als Macken;
der Königskrone fehl´n die Zacken,
das Nackensteak ist nicht vom Nacken.

Ein Glatzkopf wird gepackt beim Schopf,
der Klempner ist ein armer Tropf;
ein jedes Hühnchen ist gerupft
und alle Wimpern ausgezupft.

Sind alle Dinge mies wie diese,
dann steckt die Welt tief in der Krise.

Feuerprobe
– Auf den zweiten Blick –
Beim „mehrere Eisen im Feuer zu haben"
wird meistens zuerst nur der Vorteil erkannt,
bis schließlich sich auch die Tücken ergaben:
man hat sich schlicht mehrfach die Finger verbrannt!

Faule Ausrede
Bei Misserfolg Versager nach Belieben
der Faulheit alles in die Schuhe schieben
und drücken so um Einsicht sich herum,
dass sie in Wahrheit waren bloß zu dumm.

Krisenstimmung beim Totalverweigerer
Was ablehnen möchte ich manchmal, nur schade:
es wird mir nichts angeboten gerade.

Quirlig

„Rührselig bin ich nun einmal –
hab anders ich denn eine Wahl?"
weint laut ein Quirl vor Seelenqual.

Schlaglichter

Die Sahne hört man ständig klagen:
„Ich werde immer aufgeschlagen!"
„Na und?" muss da der Nagel sagen:
„Ich fühle nieder mich geschlagen."
Ein depressives Ei stimmt ein:
„Auf mich schlägt alles Beides ein."

Apple Watch

– Als Ei-Uhr geht's grad so –
Der Akku reicht nicht über Nacht!
Was habt ihr nur für Jobs gemacht?!

Panische Torheit

Selbst wenn sich's anfühlt wie auf der Titanic:
Torschluss allein ist noch kein Grund zur Panik!

Auf's Geratewohl

„Für Erfolg ist's nimmer zu spät",
freut sich Versager wie Bolle,
„irgendwas uns immer gerät –
und wenn nur außer Kontrolle."

Bleibende Enttäuschung

Was die Enttäuschten zweifach aufreibt:
dass die Enttäuschung einfach ausbleibt.

Sei kein Frosch !

„Wie ist Verwandlung dir gelungen?"
fragt die Prinzessin noch ganz baff.
Der Froschkönig spricht hierauf schlaff:
„Ist das gehupft nicht wie gesprungen?"

Remis-ere
Entscheidungen haben ihn stets verdrossen,
er war entschieden zu unentschlossen.

Zappenduster
Mit ´nem Tunnelblick hat man ganz miese Sicht,
wenn´s am Ende des Tunnels gibt schlicht kein Licht.

Paradiesische Zustände?
Am Baum der Erkenntnis Schlange stehn,
den sauren Apfel mit Bange sehn,
in den man beißen soll geschwind,
obwohl fette Maden drinnen sind? –
Da macht man ohne Cherubs Schwert
doch lieber ganz alleine kehrt.

Unlocked
Verlockung hat oft eine miese Quote:
Nicht jeder Lockvogel macht Angebote.

Mieses Karma
Wie oft ist Erleuchtung bloß nichts als Verblendung,
im ganz großen Stil Energieen-Verschwendung?!

So far away
Manchmal muss man ganz einfach passen:
Was nicht geht, soll man fahren lassen.

Jedem Zauber wohnt ein Ende inne
„Zauberer, mach endlich hinne,
denn mir schwinden schon die Sinne!“
stöhnt im Frack die Taube drinne.

Richtungsstreit
Da meinen zwei, sie zieh´n am selben Strang,
bis klar wird: nicht in gleiche Richtung lang.

Verbohrter Tischler

Nur ständig dünne Bretter bohren,
da geht der gute Ruf verloren.
Statt sich mit Hartholz zu verhaspeln,
würd´ lieber smart ich Süßholz raspeln.

Teufelskreis „Monotonie"

Zu Faust sprach teuflisch einst Mephisto:
„Verspricht den Himmel wer auf Erden,
dann solltest du ‚hell'-hörig werden.
Denn auch im Himmel gibt´s Beschwerden:
Nur stets in Harmonie frohlocken –
das haut selbst Engel aus den Socken.
Zum Teufel glaub mir, Faust, das ist so."

Beklemmende, unerwartete Wendung

– Ein Heldendrama –
Auch wenn Odyss sich gegenstemmt,
beim Holzpferd ist die Tür verklemmt.
Nachdem vergeblich er gedrückt,
beklagt er, dass die List missglückt:
„Oh weh, so langsam ahn ich es,
dies Pferd ist ein trojanisches!"

Der Stein des Kreisen

– Die andere Seite der Höllenqual –
Der arme Stein von Sisyphus
stets rauf- und runterrollen muss.
Nie hat er seine Ruhe
vor Sisyphus´ Getue.

Die Hoffnung stirbt zuletzt, … aber sie stirbt

Selbst wenn du denkst, es geht nicht schlimmer –
ein Fünkchen Hoffnungslosigkeit glimmt immer.

Zwielicht

Ganovenehre
„Du darfst dich niemals hängen lassen"
als Lebensmotto Diebe fassen.

Stein oder nicht Stein ?
Bei harten Steinen wird er weich,
in Bauch und Herz da schwirrt es gleich.
„Ich hab euch so zum Stehlen lieb!"
spricht säuselnd der Juwelendieb,
zum Horror für die Starken, Reichen.
Die Elster ist sein Markenzeichen.

Schildbürger
Nicht mehr so weitermachen kann
der Meerschildkröten-Schmugglermann:
der Zöllner hat zu schnell gespürt,
was jener so im Schilde führt.

Traurige Bilanz
Der Bettler sieht die Welt verbittert,
wenn vor sozialer Kält´ er zittert:
„Schnorren am Morgen,
Dumme anborgen.
Dies bis zum Abend.
Was ist da labend?"

Waffen-Narr
Wohl selten ist etwas meschugger,
als was passiert dem Waffenschmuggler:
zu kurz war´s Auto zum Verstecken,
drum musste er die Waffen strecken.

Sicher Betrug
Versicherungsbetrüger schreiben:
„Das kann mir mal gestohlen bleiben."

Gewohnheitstrinker

Der Zecher kann es wirklich gut:
wenn er ein Bierchen, Schnäpschen trinkt
und damit sich in Stimmung bringt,
geht's über ihm in Fleisch und Blut.

Teufel mit Beelzebub austreiben

Was sollst du tun, bedenk einmal,
in einem großen Wartesaal,
wenn Müdigkeit dich übermannt,
ein Schnorrer schlägt dir vor kulant,
dass er dir auf der Tasche liege,
damit ein Dieb dein Geld nicht kriege?

Kreditlaufzeit

Der Zechpreller hat unbedacht
die Rechnung ohne Wirt gemacht.
Damit er nächstens daran denkt,
bekommt er Fersengeld geschenkt.

Doppelblindversuch

Ein blinder Passagier im Dunkeln tappt,
ob er auf falschem Dampfer wird geschnappt.

Glückliche Heimkehr

Ein Galgenvogel tritt durchs Tor
vom Zuchthaus mit viel Galg'nhumor:
„Die Schwalbe lacht: ‚Noch keinen Sommer
ließ aus ich als ein Wiederkommer.' "

Nichts anbrennen lassen

Die Feuerwehr sieht es mit Bangen,
wenn Pyromanen Feuer fangen.

Volkes Stimme: (Sc)hau rauf

Den Dieben nicht nur auf die Finger schauen,
nein, auch mit Macht draufhauen, wenn sie klauen!

Nachtarbeits-Zuschlag
Die Polizei den Dieb meist schnappt,
wenn dieser grad im dunkeln tappt.
Drum tät er besser dran, er schlief,
als dass er sei zu nachtaktiv.

Rollenverständnis
Auf Anstand ist er sehr bedacht,
der Teppichdieb in dunkler Nacht:
Zusammen bräche seine Welt,
wenn er mal aus der Rolle fällt.

Geheimloge
Wohl nirgends ist es für dich schlimmer,
ins Hintertreffen zu geraten,
als wo sich trifft im Hinterzimmer
die Mafia mit dem großen Paten.

Quellenkritik
Mit Skepsis meist ein Intrigant
begegnet seinem Informand:
„Die Info stammt aus erster Hand.
Doch hat die zweite g´nug Verstand?"

Von Fall zu Fall
Ein Intrigant nach Motto lebt
(na so ein Schwein!):
„Wer andern keine Grube gräbt,
fällt selbst hinein."

Kartentrick
Ein Polizist muss sich erregen
der Kartenlegerin von wegen:
„Wie kann ich der das Handwerk legen?"
„Sehr einfach", spricht der kleine Klaus,
„du rufst ganz laut: ‚Das Spiel ist aus!' ".

Nimm´s leicht !
Wohl selten lässt sich wirklich ahnen,
wie unbekümmert Kleptomanen
und ohne wahrhaft sich zu schämen
sehr viele Dinge ganz leicht nehmen.

Offensichtlich
Was Knackis an Tattoos so lieben,
ist ihnen auf den Leib geschrieben.

Ausgebrannter Polizist
– Ex flagranti – [16]
Wie kann man denn noch „schlimme Finger" fassen,
wenn die von allem ihre Finger lassen?

Was. weiß. ich ?
Ein Kokser irrte auf der ganzen Linie
beim Soda-Trip mit kohlensaurer Mienje.

Grauzone
`Ne graue Maus erweist in Konsequenz
sich gar zu oft als graue Eminenz.

Kurvilinear
Geradewegs auf krummer Tour
ertappt zu werden, freut wohl nur
die Gegenseit, den Polizisten.
Der Dieb macht Eindruck einen tristen.

Alles im Griff
Ein Rauschgiftschmuggler hat´s im Griff,
wenn er mit Koffer tritt aufs Schiff.

Erlernte Hilflosigkeit
So manchem Hilfsempfänger es gefällt,
wird ihm ein Armutszeugnis ausgestellt.

---

[16] In flagranti = auf frischer Tat (wörtlich: solange es noch brennt)

Böses Minenspiel

´Ne Redensart impertinent
verdreht der Waffenproduzent:
Zu bösem Spiel macht er die Mine,
auf dass am Krieg er gut verdiene.

Nachtwächter, ick hör dir trapsen

Nachtein, nachtaus auf Schusters Rappen
muss Nachtwächter im Dunkeln tappen;
ohn´ Antwort seine Frage blieb:
„Wer wohl bewacht den Tagedieb?"

Kontrollverlust

Beim Glücksspiel fragt man sich schon mal:
„Was gilt hier mehr, Kopf oder Zahl?"
Ein Fälscher fügt hinzu ganz listig:
„Das Gleiche gilt für die Statistik."

Nachbarschaftshilfe

Ein Dieb, im Alter etwas lahm,
auf diesen guten Einfall kam:
„Warum denn in die Ferne schweifen,
anstatt beim Nachbarn zuzugreifen?"

Prokrustesbett

Ein Wegelagrer Not erleidet,
wenn jemand ihm den Weg abschneidet.
Dann grämt er sich wie einst Prokrustes
ob kurzer Betten langen Frustes.

Handelsbeschränkungen

„Die Handelssitten sich abschleifen,
wenn Ladendiebe um sich greifen",
ein Händler stellt dies fest erbittert,
als er die Waren hat vergittert.

Nachtwächter!

Wer hat den Tagedieb bewacht,
als der sich wegstahl in der Nacht?!

Bodenlose Gemeinheit

Die Sitten sind verroht, verdreht
und Niedertracht ist weit gediehen,
wenn jemand grad zu Boden geht,
ihm diesen auch noch zu entziehen.

Gefallsucht

Gefallnes Mädchen wird den Bräutgam loben:
„Ich fühle mich bei dir gut aufgehoben."

Verdunklungsgefahr

Um klaren Durchblick ist's geschehen,
wenn Hellseher nur schwarz noch sehen.

Gefallsucht und Opferbereitschaft

Als er sich an den Tatort stellt,
der Polizist zum Opfer fällt.

Galgenhumor

Sehr gründlich gilt es abzuwägen,
ob es sich lohnt, am Ast zu sägen,
auf dem man selber sitzt, es sei denn,
man soll dran hängen, schmerzlich leiden.

Mit allen Wassern gewaschen

Als Saubermann gibt sich ein Dieb nach Kräften:
zieht Reingewinn aus schmutzigen Geschäften.

Verbalattacke

Ein Lügner, der ertappt beim Lügen,
der äußert laut sein Missvergnügen:
„Ihr solltet wirklich euch was schämen,
mich einfach so beim Wort zu nehmen!"

Weiterleben

Ein Bettler meint heiter, der ausgeraubt:
„Das Leben geht weiter – als es erlaubt."

Ganovenehre

Was heißt schon, zu ´nem Ding zu stehen?
Viel schwerer ist´s, ein Ding zu drehen!

Gut und Böse

– Unübersichtliche Gemengelage –
Der Bösewicht säuselt: „Du musst doch nicht weinen:
die schlimmsten sind die, die´s gut mit dir meinen."

Ansichten eines fossilen Clowns

Da wird von Öl und Kohle schlecht gesprochen,
wobei doch alle nur mit Wasser kochen.

Ur-Angst

– Nomen est omen –
Die „Apple Watch" das Misstrau´n päppelt:
man fühlt sich überwacht, veräppelt.

Nacht-Geschichte

Der Nachtwächter ein Lied weiß drauf zu singen:
Auch eine Nacht kann viel zutage bringen.

Schummerlicht

So mancher sich für eine Leuchte hält,
der keinen blassen Schimmer von der Welt.

Spiegeltrinker

Dem armen Trinker bleibt bei Pfändung wohl
nur noch der Spiegel von dem Alkohol.

Disziplinloser Stellvertreterkrieg

– Infantile Kavallerie –
Infanteristen die Dragoner hassen,
wenn diese ihre Zügel schießen lassen.

Augenmaß
- Mengenlehre und Relativitätstheorie -

"Unter vier Augen lass uns reden!"

Wenn Hermes so zu Argus spricht
(dem Wächter mit den hundert Augen),
dann klappt das Übertölpeln nicht,
der Satz wird nicht als Lösung taugen.
Denn 98 Rest-Pupillen
verhindern fest das Argus-Killen.

Als Hermes merkt, dass dem so ist,
ersinnt er eine fiese List:
Statt des Gesprächs wählt er das Flöten –
und wird im Schlaf den Wächter töten!

Auch bei Odyss der Satz versagt,
als der den Polyphem befragt.
„Geht leider nicht, es tut mir leid!",
gibt der Zyklop Odyss Bescheid.
Da hat er Recht und lacht verschmitzt,
weil nur ein Auge er besitzt.

Doch sieht Odyss – weil listenreich –
die Lösung des Problems sogleich:
"Wirf nur mal schnell ein Auge drauf!" –
Das bringt dann doch den Wunschverlauf.

Was führte jeweils zum Verdruss?
Bei Argus ist´s der Überfluss,
hingegen wird bei Polyphem
ein Mangelzustand zum Problem.
Das zeigt: die Wirkung hängt ganz strenge
an Augenmaß und Augenmenge.

Und schließlich zeigt´s: Es hilft das Reden
von Fall zu Fall, doch nicht auf jeden.
Wer fesseln will, braucht guten Text
oder Musik, die groovt, behext.

Plagiat
Ein Plagegeist singt froh und laut, diensthabend:
„Es ist noch längst nicht aller Plage Abend."

Aufrichtig – Beileid
Der Reingefallne leider vergisst:
Aufrichtigkeit ist oft nichts als List.

Freche Unmoral
Der Freche will frech die Moral unterwandern:
„Die Frechheit ist immer die Frechheit der Andern." [17]

Rosstäuscherei
Auch Arrogante können's nicht bestreiten:
Nicht jeder, der auf hohem Ross, kann reiten.

Arrogantes Spiel
Die höchste Arroganz ist: Schweigen
und keine Arroganz zu zeigen.

Offene Prahlerei
Vorsicht vor falscher Bescheidenheit!
Prahlen bringt wenigstens Offenheit.

Bedingungslose Ehrlichkeit
– Conditio sine qua non –
Nur wenn Falschspieler setzt auf die Ehrlichkeit
seiner Mitspieler, klappt es zu jeder Zeit.

Erfolgsrezept
(nach Mark Twain)
Worauf Erfolgreiche heute bauen:
Unwissenheit und Selbstvertrauen.

Zielführend ?
„Ist der Weg das Ziel, hat man guten Grund
auf der Strecke zu bleiben", spricht der faule Hund.

---

[17] Anklang an ein Rosa-Luxemburg-Zitat über Freiheit

Epikur
– Haariges mit einem bildungsfernen Protz –
Da will jemand immer im Mittelpunkt stehn
und staunt, dass ihn viele als Zielscheibe sehn?!
Den Rat, Epikur[18] zu bedenken, versteht er
ganz falsch und direkt zur Enthaarungskur geht er,
auf dass epiliert und noch aalglatter tät er.

Schrille Grautöne
„Wer schwarz-weiß denkt, dem graut es vor Zwischentönen",
hört man undiff´renziert bunte Vögel höhnen.

Bahnbrechende Erfindung
Die Bahnbrecher sollten es endlich kapieren
und lieber stattdessen das Gleis reparieren.

Wasserdichtes Alias
Polizisten verstehen die Welt nicht mehr
und beklagen die Unübersichtlichkeit sehr:
„Die mit allen Wassern gewaschenen Leute
sind oftmals die größten Dreckskerle heute!"

Life-Style „Unermüdliches Faulsein"
Ihr Tun und Lassen die Faulen so fassen:
Das eine nicht tun und das andere lassen.

Antizyklisches Verhalten
Der Tagedieb hat´s schlau gemacht,
dass er sich wegstahl in der Nacht.

---

[18] Gespielt wird hier mit der Verwechslung zwischen dem griechischen Philosophen Epikur (um 341 – 270 v.Chr., dessen Wahlspruch war: „Lebe im Verborgenen", λάθε βιώσας; soviel Bildungsprotzerei muss sein!) und einer Epilierkur. – Nun gut, zugegeben ziemlich an den Haaren herbeigezogen.

Finlandia

– Innfonische Dichtung[19] –

Spin-Doctor
„Unsinn muss man auch ersinnen",
sagen sich die Dichterfinnen,
wenn sie Finnenstoffe spinnen.

Zielfragen
Ein Finne klagt im Finish:
„Ein bisschen langsam bin isch."
Doch wenn sie mal gewinnen,
dann freuen sich die Finnen.

Zeitenwechsel
Die Sommer schnell verrinnen,
besonders bei den Finnen.
Die Winter schnell beginnen,
auch wieder bei den Finnen.

Genderproblem
Nur selten gibt es Fischerinnen
unter den größten Fischerfinnen.

Finnisches Pin up
Ein Finne spricht: „Ich pinn mal
Harpunen an den Finnwal."

Minnerenner
Wenn Finnen was von Minne spinnen,
renn´n Finninnen ganz flink von hinnen.

---

[19] Im Unterschied zur Sinfonischen Dichtung „Finlandia" des
finnischen Komponisten J. Sibelius wird hier *verbale* Lautmalerei
mit den Silben „-inn/finn" betrieben. Die entstandenen „innfoni-
schen" Verse sind allerdings weitgehend sinnfrei und sollen keine
wirklichen „finnischen Verhältnisse" schildern!

Finn-Gier
Aus Habgier Finnen simulieren
und einen Überfall fingieren.

Mit Ansage
Minuten meist verrinnen,
eh´ Finnen sich besinnen.

Finito
Ein Finne, der etwas verdattert
und sich darob hat ver-regattert,
weint laut in seinem Fin-Dinghi:
„Ich find sie nicht. Wohin sind die?"

Finnen-Bandwurm
Ein Finne spricht: „Die Fleischer spinnen!
Da suchen sie im Fleisch nach Finnen!"

Paavo(r) nocturnus [20]
Ein Finnenhund bei Finsternis
ein Findelkind im Ginster biss.
Die Windel ihm dabei zerriss –
drum hat das Kind im Finstern Schiss.

Findling
Es spricht zu Findelkind und Sohn
der Finn: „Wo bleibt mein Finderlohn?"

Finessen
Am Binnenmarkt für Finnenessen
da finden sich kaum Raffinessen.

Arachnophobie
Vor Schreck tut´s Blut gerinnen
bei Spinnen manchem Finnen.

---

[20] Wortspiel mit dem finnischen Namen Paavo und dem Pavor
nocturnus (=nächtliche Furcht, Angst)

Finnenkinn

Ganz innen drin im Finnenreich
läuft hin ein Finn zum Binnenteich
und reibt sich an dem Kinne.
Was führt er bloß im Sinne?

Minne-Kummer

Trüb sinnt ein Finne, wenn die Minne
zu seiner Finnin rinnt dahinne.

Spinnerei

Wenn Finnen sag´n, sie spinnen Linnen,
dann finden wir: die Finnen spinnen.
Denn Linnen kann man doch nur weben.
Eben!

Finnlos

Es spinnt ein Finne auf der Zinne
der Burg, auf dass die Zeit verrinne.
Er spinnt und spinnt grad wie die Parzen –
aus vollem Harzen.

Finnmark

Wenn´s holpert an dem Binnenmarkt,
bekommt der Finn ´nen Finn-Infarkt.

Zinnfrage

Ja sind die Finnen denn von Sinnen,
dass goldne Zinnen sie verzinnen ?

Finnen-Sinn

Tief innen drin im Finnenleib
ersinnt der Finn sein Sinnenweib.

Sinnlos

Ein Finne, der ´ne Rinne teert,
fühlt innen sich ganz sinnentleert.

Zinnkrise
Ein Finne fragt sich beim Verzinnen,
als alle Zinne ihm gerinnen:
„Was macht denn bloß mein Finnen-Lötzinn
hier drinnen für ´nen Zinnen-Blödsinn?"

Innerfinnisch
Ein Finne fischt im Binnenteich,
wird so dank vieler Finnen reich.

Der Schreck heiligt die Mittel
– Tauchgang –
Tapfer macht sich Mut der Sauna-Finne:
„Allem Anfang wohnt ein Schauder inne."

Schlechter Geschmack
Es klagt Herr Kaurismäki:
„Nicht mal den Finn-Crisp schmeck i!"

Finale
Ein jeder geht einmal von hinnen.
Auch Finnen könn´n dem nicht entrinnen.

Flora und Fauna

Gespür
„Als Spurenhund läufst du dich wund",
beklagt ein Bernhardiner rund-
heraus und wechselt auf der Stelle
den Job mehr in das Ideelle.
So findet er es viel, viel netter:
er spürt nach Trends, wird ein Trendsetter.

Single
Am Weidezaun ein Hase hoppelt:
er wurde einfach ausgekoppelt.

Rauhe Schale, eitler Kern
Es wirft sich immer schwer in Schale
ein Apfelspinner zu dem Mahle;
wird so mit diesem Rituale
dem Gärtner schier zur eitlen Quale.

Klon-Schafe
Wenn Schafe mit den Wölfen heulen,
sie Schäfern den Beruf vergräulen.
Auch wenn sie sich in Wolle kriegen
und aufführ´n wie die blöden Ziegen.

Stachel im Fleisch
Insektenstichexperten raten
Betroffenen zu Hilfetaten:
beim Stachel kräftig anzufassen
und niemals ihn im Stich zu lassen.

Umweltlärm
Man kann es wirklich übertreiben:
Da schlagen Krach die Umweltjecken,
damit die Bäume sich erschrecken,
wie angewurzelt stehen bleiben!

Kaltblütig ?

Ein Vampir auch nach vielen Jahren
kann selten ruhig Blut bewahren.

Letzter Aufruf

Der Sprecher von dem „Biowetter"
gibt heiße Tips als Vogelretter:
„Stellt sich der Frühherbst eben grad ein,
dann sollten Schwalben sehr auf Draht sein."

Carbonade

Ein Chemiker ist hergezogen
abwertend über Biologen:
„Noch immer sieget die Chemie
auch übers stärkste Bio-Vieh:
Ein Nashorn hat ein dickes Fell,
so dass rein gar nichts zwickt es schnell.
Doch ändert solches sich bald schon,
wenn wir ihm Natron-Bicarbon
rasch unter seine Nase reiben.
Das wird es zur Ekstase treiben
und macht den Stoppelsohlenkauer
so richtig doppelt kohlensauer."

Charakterstärke

Man staunt und kann, wenn keine Winde wehen,
sogar beim Wetterhahn Charakter sehen.

Made in Germany

Welch üble Laune der Natur
bei Obst, Gemüse, Alltag pur:
Die Spinner sind´s bei allen Sachen,
die uns die Dinge madig machen.

Böse-Nacht-Geschichte

Ein Vampir, der am Tage lieb,
frönt nachts ganz bös dem Nagetrieb.

Letzte Worte eines Morgenmuffels
– Früh krümmt sich der Wurm –
Früher Wurm zum Eichelhäher:
Würmer hassen Frühaufsteher!

Jungfarngeburt – Sporensuche
Ein Jungfarn, der soeben frisch geboren,
muss sich zunächst verdienen erste Sporen.
Desgleichen ist beim grünen Moos
ganz ohne Sporen auch nichts los.
Beim Pferd jedoch verdüstern sich die Mienen,
wenn Reiter ihre Sporen sich verdienen.

Platitüden
Ein Fischer scheut die Plattheit nicht,
wenn bildlich von der Pflicht er spricht:
„Der Wattwurm watet weit durchs Watt,
mal munter, meistens müde-matt.
Schon lang hat er die Tiden satt
und dass die Welt hienieden platt:
das Land, das Meer, die Sprach der Leute,
die Schollen, der Humor von heute.
In finstrer Nacht bei Sturmgebraus
bricht´s peinvoll aus dem Wurm heraus:
„Ich halt´s nicht aus, ganz platterdings.
Komm lass uns fliehn, Gevatter Schrimps.
Ein Alpenglühwurm möcht ich sein!"
Doch flutsch, die Flut holt ihn schon ein.
Und er kapiert: hier hilft kein Maulen,
nur Klappe zu und weiterkraulen ..."

Rabsodie in Black
Ein Rabe döst in seinem Kolk,
verfolgt von bösem Rabenvolk.
Und krächzt, als er im Graben lag:
„Was für ein rabenschwarzer Tag!"

Stürmische Zeiten
Vom Wind verweht und arg zerrupft
ein Wetterhahn vom Turme hupft.
Das Wetterhuhn erklärt geschwind:
„Mein Gatte ist so durch den Wind." –
Nun ist der Hahn auch noch verschnupft.

Altersgemein– und –weisheiten
Ein alter Fuchs zum alten Hasen:
„Na, hörst du noch die Jäger blasen?"
„So richtig nicht", spricht da der Hase,
„doch hab ich ja ´ne gute Nase!
Und du, wie jagst du so mit Gicht?"
„Ich sitz meist still und pirsche nicht,
die Beute kommt zu mir gehäuft.
Ich weiß doch, wie der Hase läuft!"
So können Alterungsbeschwerden
mit Klugheit ausgeglichen werden.

Wehrwolf
Die armen Wölfe ganz vergräult
ein Schäfer, der mit Schafen heult.

Hundsfrage
Die Hundefänger Sorgen haben:
Wo liegt genau der Hund begraben?

Katzenjammer
Es runzelt sich die Katzenstirn
im Angesicht des Spatzenhirn:
Kann je es jemand echt begreifen,
was Spatzen von den Dächern pfeifen?

Sein oder Nicht sein?
Der Kuckuck lacht sich hämisch eins:
das Ei ist sein, und doch nicht sein´s!

⎰A   Ochsentour   A⎱

Die Ochsentour uns drastisch mahnt
vor Folgen, wenn sich Wut anbahnt:
Dem Stier in der Corrida
passiert es immer wieda:
erst sieht er rot,
dann ist er tot!
Olé!
O je!
Ω

Quälgeist

Wie würde es den Hamster quälen,
wenn alle Hamsterräder fehlen?

Rohrkrepierer

Die Dommel steht in ihrem Rohr,
wohin sie vegetiert,
und kommt nur selten einmal vor,
bis sie im Rohr krepiert.

Hundeelend

Den Schäferhund im Kern es traf:
´Ne Herde ohne schwarzes Schaf!

Nachwuchssorgen

Der Karpfenkindergärtner warnt:
„Fast jedes Ding hat einen Haken,
versteckt zumeist und gut getarnt." –
Die Karpfenkinder sehr erschraken.

Erfolgsverwöhnter Katzenjammer

„Immer auf die Füße fallen
geht auch ganz schön auf die Krallen",
jammert und leckt sich die Tatze
die erfolgsverwöhnte Katze.

Aus dem Seelenleben der Bäume

Kastanien holt man aus dem Feuer,
die Eichen kränkt das ungeheuer.

Die Blätter von den Zitterpappeln
lässt mancher Windstoß bitter zappeln.

Die arme kleine Zirbelkiefer
drückt im Gebirg manch Wirbel tiefer.

Vor Neugier alle Blätter zittern,
wenn in der Pappel Vögel twittern.

Die Eichen schnell schon mal verzagen,
dass niemals sie zu Buche schlagen.

Wer „A" sagt, soll auch sagen „B"?
Die Ahorn lacht: So´n Quatsch, nee, nee!"

„Mein Gott, du wirst auch immer schiefer",
lacht Ober- über Unterkiefer.

Als Weihnachtsbaum dient meist ´ne Tann,
die Kiefer ficht das wenig an.

Lustwandeln unter Trauerweiden
heißt für die Weiden Schauer leiden.

Der Regen und die Tann sind sauer.
Wer und warum weiß das genauer?

Wettlauf zwischen Hase und Igel
„Zwei Igel" macht´s Karnickel matt,
wenn laufend er ´s am Wickel hat.

Ein Zaunkönig mit Vogelgrippe
Ich habe Fieber, Flügelzittern, Schwäche
im Bauch, so dass vom Zaun ich etwas breche.
Wobei ich mich und die Kaldaunen schone,
damit kein Zacken bricht mir aus der Krone.

Sich nicht grün sein

Dass Raben es nicht sind, erstaunt kaum mehr,
beim Grünfink aber wundert's uns doch sehr.

Fragen eines grübelnden Fischers [21]

Wie kratzt sich wohl ein Fisch mit Wasserfloh?
Wer oder was macht einen Clownsfisch froh?
Von welchem Wasser wird der Karpfen blau?
Wo hängt das Kabel von dem Kabeljau?

Leidet der Zitteraal an Parkinson?
Und weiß der Zitterrochen schon davon?
An welcher Flosse trägt der Hering Ring?
Sind goldne Kettchen nicht des Goldfisch's Ding?

Die Flunder sei verschollen, ob das stimmt?
Das Blei versinkt, der Blei dagegen schwimmt?
Die Rotfeder – worauf ist die gespannt?
Sind Feuersalamander angebrannt?

Wozu braucht's Neunauge so viele Augen?
Vom Seeteufel das Fleisch – kann das was taugen?
Wie putzt der Spiegelkarpfen seinen Spiegel?
Und passt ein Riesenwels in einen Tiegel?

So gibt es Fragen über Fragen,
und keiner kann die Antwort sagen.
Woraus sich wieder mal erhellt:
Das Wasser ist ein weites Feld!

Auf Gedeih und Verderb

– In der Höhle des Löwen –
Für Löwenbabies sehr gedeihlich,
für Menschen freilich unverzeihlich.

---

[21] Titel in Anlehnung an Bert Brechts Gedicht „Fragen eines lesenden Arbeiters"

111

Bissfest
„Nicht immer ist, wer Blut sehn will, brutal",
beißt sanft der Vampir sich von Mahl zu Mahl.

Tradition oder Altersstarrsinn?
Ein alter Hase ist ganz drauf versessen,
nur noch von altem Schrot und Korn zu fressen.

InSektlaune (wi)der Natur
´Ne Wespe, die ins Bierglas fällt,
sich gegen die Natur verhält:
Geziemt es sich doch als Insekt,
dass man den Kopf in Sekt nur steckt.

Ab ovo
–Hühnermist –
Schlimmes Los vieler Hühner auf dieser Erden:
schon als Ei in die Pfanne gehauen zu werden!

Wehret den Anfängen
Erschlagt die Mücke schnell und nicht zu sacht,
eh wer ´nen Elefanten aus ihr macht.

Größenwahn
– Goldrausch –
Ein Silberfischchen strebt nach Reich-
tum in ´nem nahen Goldfischteich.

Zwischen Baum und Borke
Weil seine Lage arg verzwickt,
im allgemeinen sehr erschrickt,
wer zwischen Baum und Borke steckt.
Dem Borkenkäfer solches schmeckt.

Gegen die Angst vor dem Fuchs
Ist dieser Trost nicht sehr auf Sand gebaut,
wenn Mutter Gans den Küken anvertraut:
„Ja, auch der Fuchs bekommt ´ne Gänsehaut."?

Alles eine Frage der Zeit
– Ein Wurmfortsatz –
Kommt früher Vogel reingeschwebt,
der späte Wurm nur überlebt.

Noch ein Wurmfortsatz
„Der frühe Wurm hat einen Vogel,
jedoch nur einmal", sagt Ornithologel.

Kettenreaktion
„Grad wenn ein Hund kurz angebunden,
dann kläfft er nicht nur für Sekunden",
verwundert es den Ethologen,
was ihn noch zu dem Satz bewogen:
„Den Unterschied vom Mensch zum Tier –
trotz allem, ja den lob ich mir."

Im Hamsterrad
Vergeblich hofft in seinem Rade
ein Hamster auf das Korn der Gnade.

Spätkauf
Ein Vampir will sich schnell noch was besorgen
für seinen wohlverdienten Feiermorgen.

Hell und Dunkel
Der Uhu hat in dunkler Nacht
hellhörig sich auf Jagd gemacht.
Für ihn hat, wer will das bestreiten,
die Nacht auch ihre hellen Seiten.
Finster hingegen sieht es aus
für die gejagte kleine Maus.

Von der Arrogans
– Gänseschmalz –
„Ein Arroganter ist mir lieber
als nichts", stöhnt Gans im Liebesfieber.

Gefährliche Neigungen
Wenn sich geneigt uns zeigt ein Baum,
ist wohlgesonnen er wohl kaum.

Über kurz oder lang
Auf einem Bein steht lang der Reiher
und taucht den Kopf nur kurz in´n Weiher.
Die Fische schwimmen lange Bögen,
weil sonst den Kürzeren sie zögen.

Schlechtes Netz
Ein Fisch, das Fischernetz erblickend:
„Nicht jede Masche ist bestrickend."

Auch Mäuse beißen Fäden ab
Zwar beißt die Maus kein´n Faden ab,
ist sie von Käs´ gesättigt, schlapp.
Doch wenn sie richtig ausgehungert,
nachdem sie fastend rumgelungert,
da werden Mäuse zu Hyänen
mit furchtbar scharfen Nagezähnen
(weshalb sie ja auch „Nager" heißen),
mit denen Fäden sie abbeißen
bis endlich alle Stricke reißen.
Insofern nagt an der Konstante
auch mal der Zahn der Variante.

Schwanengesang
– Verhütung paradox –
Zu spät hat Leda es geschwant,
was Zeus in Tiergestalt geplant.
Ach hätt´ sie nur ganz unerregt
die Hände in den Schoß gelegt!

Merkwürdig

Laubsäge-Arbeit
Die Frage sei erlaubt: Weswegen
nur sollte man denn Laub zersägen?
Und wird mit kleinem Sägeblatt
man nicht von Blatt zu Blatt schnell matt?

Tücken der Metapher
Verhandlungsführer mal bisweilen
die Lage nicht ganz richtig peilen:
Er soll die Kuh vom Eise holen. –
Nun sucht er Kuh und Eis verstohlen.

Uhr-Faust
Nun steh ich hier, ich armer Tor,
und meine Uhr geht nach wie vor.

Einzahl / Mehrzahl
Den Rat, nichts, außer Acht, zu lassen,
die andern Ziffern alle hassen.
Deshalb der Meisterzähler spricht:
„Verachtet mir die Vielzahl nicht!"

Zur Beachtung
Nur viel zu selten denkt man dran:
Auch Dinge nicht zu tun, strengt an.

Abwegige Gedanken
Der Kölner Bischof liegt seit Jahren
schon mit dem Papst sich in den Haaren:
„Wenn alle Wege führ´n nach Rom,
wie komm ich da zu meinem Dom?"

Dummes Geschwätz?
Bei Geschwätz man leider oft vergisst:
Keiner redet dümmer als er ist.

Beklagenswert
– Ein Oxymoron –
Dem Staatsanwalt ganz im besondern
geht's grade so wie Hypochondern,
wenn sie ganz Paradoxes sagen:
„Es geht mir schlecht. – Ich kann nicht klagen."

Onomatologische Aporien
– Namen sind Schall und Rauch –
„Ein Lindwurm ist darauf geeicht,
dass er sich durch die Buchen schleicht?
Wogegen Eichhörnchen auf Fichten
und auch auf Kiefern sind zu sichten?
Für Kieferorthopäden freilich
auf Bäumen ist's ganz ungedeihlich."
Und so manch Namen schon verwehrten
der Logik sich dem Sprachgelehrten.

Ambiguitätstoleranz
Der Satz: „Heut werd'n wir Federn lassen"
ist rein semantisch schwer zu fassen.
Zunächst stellt sich die Frage schlicht:
„Na, tut er's oder tut er's nicht?"
Und geht's hier hart um Eisen, Stahl
oder um weiche Daunenwahl?
Befürchtet jemand da verschnupft,
er werde alsbald sehr gerupft?
Oder beschließt hier gar ein König
die Strafe eines Untertänig?
Wir wolln's dahingestellt sein lassen,
die Ambiguität zu hassen.

Feldforschung
– Ungeklärte Eigentums- und Kräfteverhältnisse –
Hat der, den ihr des Feld's beraubtet,
trotzdem als sein's das Feld behauptet?

Achtungserfolg-Los

Man will wen strafen mit Nichtachtung
und kommt (absurd!) zu der Betrachtung,
dass man ihm damit ungewollt
in höchstem Maß Beachtung zollt?!
„Links liegen lassen" ist nicht leicht,
sobald sich Emotion einschleicht.

Einzelfallentscheidung

– Keine Machtfrage –
Wenn einer Ente Flügel man verleiht,
dann ist sie nicht mehr flugbereit?
Das kommt drauf an, woran Sie denken:
ob an Vermieten oder Schenken.
Auch hängt im Falle dieses Falles
an der Grammatik wirklich alles
(doch ist hier nicht „wer wen" die Frage,
sondern „wes / wem" bestimmt die Lage).

Ab- und Zuneigung

Selbst wenn man wem die kalte Schulter zeigt,
hat letztlich man sich doch ihm zugeneigt.

Kommen und Gehen

Bei einer Landeslotterie
wen aufzufordern: „Mon ami,
sieh zu, dass du schnell Land gewinnst!",
erweist sich als ein Hirngespinst
und Botschaft, die sehr zwiegespalten:
Was soll „ami" denn davon halten?

Windige Angelegenheit

Ein Türmer, der im Turme haust,
sinniert: „Wenn schon ein Wind umbraust
in Windeseile meinen Turm,
warum nur läuft dagegen Sturm?"

Ausdifferenzierung
– Endlos –
Das streckt selbst den größten Krümelkacker nieder:
Jedes Pro und Contra hat sein Für und Wider.

Gemeinnütziger Egotrip
„Es ist doch ganz einfach", spricht das Ego und lacht,
„wenn jeder an sich denkt, ist an alle gedacht!"

Spontaner Einfall
Vor dem Entschluss fällt´s ihm ganz erregt ein:
Spontanität will gut überlegt sein.

Blattsalat
Wie kann ein unbeschriebnes Blatt sich wenden?
Wie nimmt man keins vor´n Mund mit seinen Händen? –
Man weiß es nicht, gesteht sich ein schachmatt:
„Das steht dann wohl auf einem andern Blatt."

Schlusssatz
Aller Anfang ist schwer,
doch das Ende noch mehr.

Schwerelos
– Ein Finalsatz –
Aller Anfang ist schwer,
drum das Ende gleich her!

Hamlets Monolog: Ganz oder nicht?
Ich bin ganz ([22]) außer mir? –
Ob ich das je kapier?

---

[22] Hier sollte man beim Lesen und Vortragen einen „gedanklich schwebenden" Punkt setzen, um der inneren Zerrissenheit Hamlets noch besser nachspüren zu können.

Je nach Gusto
Gelobt wird, was aus einem Guss.
Bei Kneipp-Kur führt dies zu Verdruss.

Und jedem Anfang wohnt ein Zauder inne [23]
Aller Anfang wär´ nicht schwer,
wenn das Zaudern nur nicht wär´.

Die Gnade der frühen Geburt
– Teilungs-Streit [24] –
Ein Erblasser stellt eher selten fest,
ob Erblast die Erben erblassen lässt.

Hauptsache nebensächlich
Die Hauptsache wird meistens nicht geliebt,
solange es noch Nebensachen gibt.

Geheimniskrämerei
´Ner Sphinx ohn´ Rätsel fehlt die Kraft. –
Ist das nicht ziemlich rätselhaft?

Beunruhigendes Gedankenspiel
Dass von jedem Gedanken, der sich denken lässt,
auch das Gegenteil wahr sei, stellt entsetzt man fest.

Mütterlicher Rat
Man muss die Männer nehmen, wie sie sind.
Doch nicht so lassen. Merk dir das, mein Kind.

Altersskurrilität
Alt ist man erst, wenn man bei Plackerei
bemerkt, dass man nicht mehr der Alte sei ?

---

[23] Sorry, Hermann! (geklaut und verbogen bei H. Hesse: Stufen)
[24] Nicht nur über das Erbe, sondern auch über die Silben (kleine Hilfe: von Erb-lasser zu er-blassen, sozusagen: ein vorgezogenes Erbteil)

Unbefleckte Empfängnis?
Vom Saubermann, der drauf bedacht,
dass er sich ja nicht schmutzig macht,
sagt man, wenn er sich ziert und stemmt:
er macht sich einen Fleck ins Hemd!?

Gender-Mainstream
Was nützt es, wenn wir munter gendern?
Die Haltung macht´s, die muss mann ändern.

Gender-Wahn
Rein sprachlich bringt das Gendern nichts als Leid
bezüglich Lesbarkeit und Einfachheit.
Wenn sie/er durch die Texte holpsien/holpern,
dann kann frau/mann schon leicht mal stolpsien/stolpern.[25]

Absturzgefahr
Zu spät hat der Macher es endlich gerafft:
Wer Berge versetzt, stets auch Abgründe schafft.

Vom aufrechten Gang
Wer immer richtig liegt, riskiert,
dass aufrecht er nicht mehr agiert.

Aberwitzig
„Nein, abergläubisch bin ich nicht;
das bringt nur Unglück", jemand spricht.

Noch aberwitziger
Den Aberglauben total überdehnt,
wer´s 13. Gehalt hat abgelehnt.

Ein dicker Auftrag
Man sieht es allzu oft in unsern Tagen:
auch Einfaltspinsel können dick auftragen.

---

[25] Danke, Missfits! (wer jetzt auf dem Schlauch steht: einfach mal
„feminispräch" googeln!).

Echolob
Auch wenn es schon oft Verwirrung schuf –
ein Echo kann nichts für seinen Ruf.

Von der Schwierigkeit, anders zu sein
Warum sieht, so findet belustigt man raus,
ein Nonkonformist wie der andere aus?

Unberechenbar und unermesslich
Selbst die Kreisverwaltung es nicht weiß:
Welchen Radius hat ein Teufelskreis?

Teuflische Vorverurteilung
Ist wer´s Weihwasser scheut per se diabolisch?
Mitnichten, nur lediglich nicht sehr katholisch.

Alles oder Nichts
Im Falle dieses Falles:
Nehm se einfach alles!

Fleckenproblem
– Weg oder nicht? –
Wie oft wünscht man vom Fleck sich weg
´nen Mensch mit Herz am rechten Fleck.

Ausgebootet
Grad wenn wir alle in einem Boot,
tut Meinungsstreit besonders not.
Denn was würde wohl mit dem Boot geschehn,
wenn alle auf unserer Seite stehn?

Fehlerhaftung
Auf eignen Fehlern zu beharrn aufs Neue –
so hält sich selbst nicht nur der Narr die Treue.

Brain-Drain
Wer je im Leben dem Brainstorming traute –
hilft viel heiße Luft gegen geistige Flaute?

Geduldsspiel
Ein Widerspruch ist bei Geduld am grellsten:
Wer keine hat, verliert sie meist am schnellsten!

Ein anderer (aber erwartbarer) Deckeneffekt
Wenn viele unter einer Decke stecken
(und vordergründig Einigkeit bezwecken),
wird bald sich jeder nach der Decke strecken
und heftig kämpfen um die eine Decken.

Eine etwas andere Perspektive
– Randproblem –
Es wundert wohl kaum, dass man dem misstraut,
der über den eigenen Tellerrand schaut:
hat der doch im eigenen Saft geschmort,
weshalb er vermutlich ein wenig verbohrt.

Schlüsselfrage
Freut sich ein Schließer als echter Filou:
„Offene Türen lassen mehr zu."

Eingebildet
„Was ich mir vormach", einer sprach,
„das macht mir keiner so schnell nach."

Der Dativ ist dem Definitiv sein Tod [26]
– Sickness: Die Unsicherheit ist Dativ –
Wer andern eine Grube gräbt, man stutzt,
ist der nun fies oder wird ausgenutzt?

Entrahmt
– Reframing –
War der, der aus dem Rahmen fällt,
im Bilde und gut aufgestellt?

---

[26] Frei nach Bastian Sick: Der Dativ ist dem Genitiv sein Tod.
Kleine Hilfe für die 2. Zeile: Die Unsicherheit ist da tief.

Es geht nicht zu mit rechten Dingen

Zwei Seiten hat ein jedes Ding.
Ist das nicht eigentlich gering?
Sind beide Seiten schlecht dabei?
Denn aller guten sind doch drei?!

Ungerahmt

Wenn Bilder jeden Rahmen sprengen,
woran sind die dann aufzuhängen?

Illusionär

Nach viel Enttäuschung sagt man rigoros:
„Ich mach mir keine Illusionen mehr."
Doch da geh´n sie erst richtig los! –
So macht uns Illusion das Leben schwer.

Nichts als Klischees

„Alle Klischees sind falsch", sagt man.
Ob auf dieses Klischee man verlassen sich kann?

Per aspera ad acta

Was den Beamten wohl bewegt?
Warum ist er so anders bloß?
Wenn er was zu den Akten legt,
dann geht die Arbeit erst mal los.

Selbstkorrektur

Wenn dem Irrtum ein weiterer Fehler passiert,
sich alles zum Besten von selbst korrigiert.

Der kleine Rest

Wer nichts zu wünschen übrig lässt,
wird bald verhasst sein wie die Pest.

Entwöhnung

Aller Anfang ist schwer,
doch das Aufhör´n noch mehr.

Zu hintersinnig

Wer stets nur zwischen Zeilen liest,
das Eigentliche nicht genießt.
Er sollte erstmal auf den Zeilen
recht gründlich lesen und verweilen.

Unendliche Geschichte

Besonders Serienschreibern muss
man sagen: „Macht mal endlich Schluss!"

Vom Ende her gedacht

Es ist besser, erst gar nicht anzufangen,
als später an´s Ende nicht zu gelangen.

Schlussendlich

Woran man noch dringend erinnern muss:
Das dickere Ende kommt oft vor dem Schluss.